통째로 외우는
일본어 말문 트이기

미우라 하루카 | 한우영 지음

제일어학

머리말

매번 일본 가는 비행기를 탈 때마다 일본으로 여행가시는 분이 점점 늘어나고 있고 일본어를 잘하시는 분들도 많아지고 있다는 실감이 듭니다. 일본어를 가르치는 사람으로서 너무 뿌듯하고 어떻게 공부하셨는지 궁금해서 물어보기도 합니다. 직업병이겠죠?(笑)

일본어 수업을 하면서 문법은 많이 알고 계신데 말로 어떻게 표현을 해야 할지 모르겠다는 말을 많이 들었습니다.

이 책은 이런 고민을 갖고 있는 분들께 추천하고 싶고 말을 트이게 할 수 있게 도움을 드리고 싶습니다. 교과서에서만 나오는 딱딱한 표현은 다 빼고 편하게 일본인이 평소에 말하는 표현으로 구성돼서 입에 착착 붙을 것입니다.

이 책을 같이 만들어보자고 제안해주신 한우영 선생님과 이 책이 출판될 수 있도록 해주신 제일어학의 배경태 대표님과 조언을 해주신 津村洋実 선생님과 전진완 대표님과 항상 저를 응원해주시는 부모님께 감사하다는 말씀을 전하고 싶습니다.

일본어를 배우시는 모든분들이 즐겁게 공부할 수 있도록 이 책이 조금이라도 도움이 되었으면 합니다. 감사합니다.

三浦はるか

머리말

이 책의 목적은 20개의 긴 이야기와 수백 개의 예문을 통째로 입으로 외우게 하는 것입니다. 자신이 통째로 입으로 외운 문장과 비슷한 문장은 입에서 빨리 나옵니다. 그렇다면 문장만이 아니라 이야기를 통째로 외우면 비슷한 이야기가 입에서 통째로 나오게 되는 것입니다. 20개의 이야기를 입으로 통째로 외우게 된다면 200개 이상의 이야기를 입으로 통째로 말할 수 있게 됩니다. 왜냐하면 비슷한 이야기도 같이 입에서 통째로 나오기 때문입니다. 독자 여러분. 쓰기, 눈으로 읽기, 듣기보다 말하기 공부를 먼저 하십시오. 자신이 들은 일본어 문장을 그대로 말하기는 쉬울 수도 있지만, 어려울 수도 있습니다. 하지만 자신이 말할 수 있는 일본어 문장은 아주 잘 들립니다. 즉, 듣기 공부를 열심히 한다고 말하기가 잘 되지는 않지만, 말하기 공부를 열심히 하면 듣기는 자연스럽게 됩니다. 물론 듣기 공부도 하기는 해야 합니다. 그러나 우선 순위로 본다면 듣기 공부보다 말하기 공부가 우선입니다. 듣기 공부를 열심히 하고 말하기 공부를 하면 정말 힘들어서 지치지만, 말하기 공부를 열심히 하고 듣기 공부를 하면 정말 쉽습니다.

또한 저희 책에는 일본어 밑에 한글 발음이 있습니다. 이 책은 중급 이상의 교재이기 때문에 굳이 한글 발음 표기가 필요없다고 생각

할 수 있지만, 실제 히라가나 가타카나 발음을 다 알고 있다고 하시는 분들 중에도 발음을 틀리게 하는 경우가 많습니다. 예를 들어 ん 발음은 ㄴ받침, ㅇ받침으로 발음되는데, 이 구분이 잘 안 되기도 하고, 장음, 단음 구분도 잘 못하기도 하고, っ발음도 잘 못하는 경우가 많습니다. 그래서 100퍼센트 교정은 안 되지만, 한글 발음으로 어느 정도는 발음 교정을 할 수 있다고 생각합니다. 또한 일본어에는 발음은 다르지만, 같은 뜻으로 나와 있는 이음동의어가 많습니다. 예를 들어 常に와 いつも는 둘 다 [항상]이라는 뜻이지만, 常に는 24시간 항상이라는 뜻인 반면 いつも는 어떤 상황에서는 항상이라는 뜻으로 쓰입니다. 이와 같이 표면적인 뜻은 같지만, 깊이 들어가면 뜻에서 큰 차이를 보이는 단어들이 많습니다. 이런 단어들의 차이를 많은 예문을 통해서 자세히 설명해놓았습니다.

이 책의 내용을 계속 반복해서 입으로 통째로 외우신다면 일본어 프리토킹 능력에 큰 성장이 있으리라고 확신합니다.

한우영

⟨발음할 때 주의 사항⟩

○ ん 뒤에 히라가나 あ, い, う, え, お, わ, を, は, ひ, ふ, へ, ほ 가 오면 "ㅇ" 받침으로 발음합니다. 그 이외의 히라가나가 오면 "ㄴ" 받침으로 발음합니다.

예문)

時間はあります。 지깡와 아리마스.
じかん

時間があります。 지깐가 아리마스.

○ う, い는 장음으로 발음될 때가 많습니다. 한글 발음에 " ― " 표시가 있는 것은 전부 길게 발음하라는 뜻이므로 바로 앞에 글자를 길게 발음해야 합니다.

예문)

学生がいます。 각세-가 이마스.
がくせい

運動をします。 운도-오 시마스.
うんどう

○ か, き, く, け, こ, た, ち, つ, て, と는 단어의 첫음절에 있을 때는 카, 키, 쿠, 케, 코, 타, 치, 츠, 테, 토로 발음되지만, 첫음

절 이외의 다른 곳에 있을 때는 까, 끼, 꾸, 께, 꼬, 따, 찌, 쯔, 떼, 또로 발음됩니다.

예문)

かっこう　おとこ　ひと　ちか
格好いい男の子が近づいています。

칸꼬 - 이 - 오또꼬노 히또가 치까즈이떼이마스.

여기서 첫음절은 格好いい의 か, 男의 お, 人의 ひ, 近づく의 ち입니다.

○ 촉음인 っ 발음은 "ㅅ" 받침으로 발음되며, "ㅅ" 받침을 발음하고 나서는 살짝 발음을 끊어주어야 합니다.

예문)

つくえ　つく
机を作ってください。　츠쿠에오 츠꿋떼 쿠다사이.

여기서 "츠꿋"의 "꿋"에서 발음을 살짝 끊어야 합니다. 그리고 확실히 "ㅅ" 받침 발음을 해주어야 합니다.

CONTENTS

CONTENTS

1과 본문

주변 사람들이 뱃살을 뺄 수 있는 운동이 뭐냐고 물어볼 때가 가끔 있습니다.

周 の人たちから、たまにお腹の肉を落とせる運動は何かと聞かれる

ことがあるんです。

마와리노 히또따찌까라, 타마니 오나까노 니꾸오 오또세루 운도 - 와 나니까또 키까레루 코또
가 아룬데스.

인터넷에도 뱃살을 빼는 운동이 많이 검색됩니다.

インターネットでもお腹の肉を落とす運動をたくさん検索すること

ができます。

인타 - 넷또데모 오나까노 니꾸오 오또스 운도 - 오 탁상 켄사꾸스루 코또가 데끼마스.

또 어떤 헬스 트레이너에게 뱃살을 빼는 가장 좋은 방법을 물어보았더니, 뱃살
만 빼는 운동은 없다고 했습니다.

また、あるトレーナーにお腹の肉を落とす一番良い方法を聞いてみ

ると、お腹の肉だけ落とす運動はないって言われたんです。

마따, 아루 토레-나-니 오나까노 니꾸오 오또스 이찌방 이-호-호-오 키이떼 미루또, 오나까노 니꾸다께 오또스 운도-와 나잇떼 이와레딴데스.

즉, 모든 운동이 다 뱃살을 뺄 수 있다는 것입니다.

つまり全ての運動が、全部お腹の肉を落とすことができるということです。

쯔마리 스베떼노 운도-가, 젠부 오나까노 니꾸오 오또스 코또가 데끼루 또이우 코또데스.

우리의 몸은 몸 전체가 하나로 되어 있기 때문에 어느 일부분만을 특정해서 빼는 운동이 없다는 것입니다.

私たちの体は、体全体が一つになっているので、ある一部分だけを特定して落す運動はないということなんです。

와따시따찌노 카라다와, 카라다 젠따이가 히또쯔니 낫떼이루노데, 아루 이찌부분다께오 토꾸떼-시떼 오또스 운도-와 나이 또이우 코또난데스.

보통 뱃살을 빼는 운동은 거기만을 빼는 운동이라기보다도 복근을 단련하는 운동이라고 할 수 있기 때문입니다.

普通お腹の肉を落とす運動はそこだけを落とす運動というよりも、腹筋を鍛える運動だと言えるからです。

후쯔- 오나까노 니꾸오 오또스 운도-와 소꼬 다께오 오또스 운도- 또이우 요리모, 훗킹오 키따에루 운도-다또 이에루 까라데스.

핵심은 배부르지 않게 먹고 많이 움직이는 것입니다.

キーポイントは、お腹いっぱい食べずにたくさん動くことです。

키-포인또와, 오나까 잇빠이 타베즈니 탁상 우고꾸 코또데스.

아무리 운동을 열심히 해도 폭식을 해버리면 뱃살은 절대 뺄 수 없다고 합니다.

いくら運動を頑張ってもいっぱい食べてしまったら、お腹の肉は
絶対落とせないそうです。

이꾸라 운도－오 간밧떼모 잇빠이 타베떼 시맛따라, 오나까노 니꾸와 젯따이 오또세나이 소－
데스.

落とす는 〈떨어뜨리다〉라는 뜻과 함께 〈잃어버리다〉라는 뜻이
있습니다. 〈잃어버리다〉라는 뜻으로 비슷한 단어로 〈無くす〉는
물건을 〈잃어버리다〉이고, 〈亡くす〉는 생명을 〈잃다〉라는 뜻으
로 쓰입니다. 참고로 見落とす는 실수로 〈빠뜨리다〉라는 뜻으
로 쓰입니다.

예문)

어제 휴대폰을 떨어뜨려서 액정이 깨졌습니다.

昨日ケータイを落として液晶画面が割れてしまったんです。

어제 엘리베이터에서 떨어뜨린 장갑을 발견해서 기뻐요.

昨日エレベーターで落とした手袋が見つかって嬉しいです。

휴대폰을 잃어버려서 제 휴대폰에 전화해봤더니 전원이 꺼져 있었습니다.

携帯を落としてしまったので、私の携帯に電話してみたところ、電源が切れていました。

＝携帯を無くしてしまったので、私の携帯に電話してみたところ、電源が切れていました。

작년에 사고를 어머니를 잃었습니다만, 지금도 아직 살아 있는 것 같고 실감이 안 됩니다.

去年事故で母を亡くしましたが、今もまだ生きているようで実感できないです。

약의 양을 잘못하면 목숨을 잃을 위험이 있습니다.

薬の量を間違えると命を落とす危険があります。

제가 주문서의 수량을 못 보고 빠뜨려서 다시 한번 견적서를 고쳐서 만들었습니다.

私が注文書の数量を見落としたので、もう一度見積書を作り直しました。

聞かれる는 聞く(묻다, 듣다)의 수동 표현으로서 〈물음을 받게 된다〉는 뜻이 됩니다. 즉, 누군가로부터 질문을 받게 된다는 뜻입니다.

예문)

처음 만났는데, 체중을 물어봐서 놀랐습니다.

初めてお会いしたのに体重を聞かれて本当にびっくりしたんです。

갑자기 외국인이 길을 물어보면 당황스러울 때가 있습니다.

急に外国人に道を聞かれたら戸惑う時があります。

つまりは 〈결론적으로〉라는 뜻으로 이야기의 결론을 지을 때 쓰는 표현이고, 即ちは 문장 속에서 어떤 단어에 대해 〈다른 말로 해서〉라는 의미로 많이 쓰입니다. 言い換えれば는 이해하기 쉽게 〈다시 말하면〉이라는 뜻으로 어떤 내용을 쉽게 풀어서 다시 설명하는 뜻으로 쓰입니다.

예문)

요컨대(결론적으로) 이번 일은 쌍방에 문제가 있었으니까 없던 일로 합시다.

つまり、今回の件は双方に問題があったので、なかったことにしましょう。

그는 회장님의 외동아들이다. 즉 이 회사의 유일한 후계자이다.

彼は会長のひとり息子である。即ち、この会社の唯一の後継者である。

나는 10년 전부터 부직인 채로 본가에서 지내고 있어서 이른바 패러사이트 싱글입니다.

私は10年前から無職のまま実家で暮らしていて、いわゆるパラサイトシングルです。

그녀는 이제부터 너와는 연락하지 않겠다고 말했다. 말하자면 너와 연을 끊겠다는 것입니다.

彼女はこれから君とは連絡しないって言っていた。いわば、君と縁を切るということなんだ。

영업부에 새로운 부장님이 와서 키무라 부장님은 다른 부서로 이동했다. 바꿔 말하자면 영업부에서 제외당한 것이다.

営業部に新しい部長が来たので木村部長は別の部署に異動になった。言い換えれば、営業部から外されたのである。

ということです와 ということなんです는 둘 다 〈~~라는 것입
니다〉라는 뜻으로 다시 이해하기 쉽게 풀어서 설명해줄 때 쓰는
표현인데, ということなんです와 같이 〈なん〉이 들어가면 좀 더
감정 이입이 된 표현이 된다고 볼 수 있습니다.

예문)

요컨대 다음 달부터는 매주 금요일은 모두 6시에 귀가해도 된다는 것입니다.

つまり来月<ruby>来月<rt>らいげつ</rt></ruby>からは毎週金曜日<ruby>毎週金曜日<rt>まいしゅうきんようび</rt></ruby>は全員<ruby>全員<rt>ぜんいん</rt></ruby>6時<ruby>時<rt>じ</rt></ruby>に帰宅<ruby>帰宅<rt>きたく</rt></ruby>してもいいというこ
とです。

요컨대 우리가 아무리 열심히 해도 회사 후계자인 그를 이길 수는 없다는 거예
요.

つまり私<ruby>私<rt>わたし</rt></ruby>たちがいくら頑張<ruby>頑張<rt>がんば</rt></ruby>っても会社<ruby>会社<rt>かいしゃ</rt></ruby>の後継者<ruby>後継者<rt>こうけいしゃ</rt></ruby>である彼<ruby>彼<rt>かれ</rt></ruby>には勝<ruby>勝<rt>か</rt></ruby>て
ないということなんです。

普通<ruby>普通<rt>ふつう</rt></ruby>는 〈보통〉이라는 뜻으로 一般的<ruby>一般的<rt>いっぱんてき</rt></ruby>に〈일반적으로〉와 비슷한
표현입니다. 예문을 통해 공부해 봅시다.

예문)

보통은 이렇게 야단맞으면 회사를 그만둘 거라고 생각해요.

普通はこんなに怒られたら会社を辞めると思います。

이 증상은 일반적으로 30대 환자한테 잘 나타납니다.

この症状は一般的に30代の患者によく現れます。

だけ는 〈~~만〉이고, しか는 〈~~밖에〉라는 뜻으로 だけ 뒤에
는 긍정의 표현이 오지만, しか 뒤에는 부정의 표현이 옵니다.

예문)

그녀의 휴대폰 번호를 알고 있는 것은 선생님뿐이에요.

彼女のケータイ番号を知っているのは先生だけです。

이건 세계에 하나밖에 없는 볼펜이에요.

これは世界に一つしかないボールペンです。

〈~~하지 않고〉라는 뜻으로 쓰이는 표현에 대해 알아봅시다. 접
속 방식은 〈5단 동사의 어미를 あ단으로 변경 + ず〉, 〈1단 동사
의 어미 る를 제거 + ず〉, 〈불규칙 동사 する는 せず〉, 〈불규칙

동사 来る는 来ず〉와 같습니다. 참고로 ず는 ないで의 준말로

비교적 문어체입니다. 회화에서는 ないで를 많이 씁니다.

예문)

오늘은 홈파티인데 음식은 안 만들고 다 배달을 시킨다고 합니다.

今日はホームパーティーなのに料理は作らず全部手前を取るそう

です。

부장님은 현장에는 안 가고 사무소에서 지시하기만 하니까 현장의 상황을 잘
모릅니다.

課長は現場には行かず、事務所で指示するだけなので、現場の

状況がよく分からないです。

이 드라마는 스토리는 안 바꾸고 등장인물의 관계를 바꾼다면 더 재미있어질
거라고 생각합니다.

このドラマはストーリーは変えず、登場人物の関係を変えたらもっ

と面白くなると思います。

오늘은 연락도 안 하고 와버려서 미안했습니다.

今日は連絡もせず、来てしまってすみませんでした。

내일이 납품 마감일인데도 아직 공장으로부터 연락이 오지 않아서 긴급 사태입니다.

明日が納品の締め切り日なのに、まだ工場から連絡が来ず、緊急事態です。

動くは 자동사로서 〈~~가 움직이다〉라는 뜻이고, 動かすは 〈~~을 움직이다〉라는 뜻으로 타동사입니다. 예문을 통해서 쓰임새를 알아봅시다.

예문)

오늘은 가게가 바쁘기 때문에 홀의 담당자는 빨리 움직여 주세요.

今日はお店が忙しいから、ホールの担当者は早く動いてください。

재활 중에는 다리를 천천히 움직여 주세요.

リハビリ中は脚をゆっくり動かしてください。

전철 안에서 이렇게 다리를 동동 움직이면 안 되지. 가만히 있어.

電車の中でこんなに脚をバタバタ動かしたら、ダメでしょう。じっとしなさい。

地下鉄の中の販売人
지하철 내 판매인

2과 본문

한국의 지하철 안에서는 물건을 파는 사람을 가끔 보게 됩니다.

韓国の地下鉄の中では、物を売っている人をたまに見かけます。

캉꼬꾸노 치까떼쯔노 나까데와, 모노오 웃떼이루 히또오 타마니 미까께마스.

지하철 안내 방송에서도 차내에서 물건을 사지 않도록 말하고 있지만, 의외로 품질이 좋기 때문에 사는 사람이 끊이지 않는 것 같습니다.

地下鉄のアナウンスでも車内で物を買わないように言っています が、意外と品質がいいので買う人が後をたたないようです。

치까테쯔노 아나운스데모 샤나이데 모노오 카와나이 요 - 니 잇떼 이마스가, 이가이또 힝시쯔가 이 - 노데 카우 히또가 아또오 타따나이 요 - 데스.

또 한국 사람은 정이 넘쳐나기 때문에 차내 판매를 하는 사람을 도와주고 싶어 하는 생각으로 물건을 사고 있는 것 같습니다.

また韓国人は人情味があふれているので、車内販売の人を助けた い思いで物を買っているようです。

마따 캉꼬꾸징와 닌죠 - 미가 아후레떼 이루노데, 샤나이 한바이노 히또오 타스께따이 오모이
데 모노오 캇떼 이루 요 - 데스.

사실 저도 몇 번 산 적이 있는데, 가격에 비해 품질이 좋았던 것은 사실이었습
니다.

実は、私も何回か買ったことがありますが、値段のわりに品質がよか
ったのは事実でした。

지쯔와, 와따시모 난까이까 캇따 코또가 아리마스가, 네단노 와리니 힌시쓰가 요깟따노와 지찌
츠데시따.

하지만, 요즘에는 단속이 엄격해진 탓인지 지하철 내 판매인은 3분의 1 정도
로 줄어든 것 같습니다.

しかし、最近は取り締まりが厳しくなったせいか、地下鉄の車内
販売の人は3分の1位に減ったようです。

시까시, 사이낑와 토리시마리가 키비시꾸 낫따 세 - 까, 치카테쯔노 샤나이 한바이노 히또와 산
분노 이찌 구라이니 헷따 요 - 데스.

예전에는 단속반이 자주 지하철 내 판매인을 찾으러 다녔는데, 요즘에는 승객
이 직접 고발할 수 있게 되었습니다.

以前は取り締まる人がよく車内販売の人を探し回りましたが、最近
は乗客が直接告発できるようになりました。

이젠와 토리시마루 히또가 요꾸 샤나이 한바이노 히또오 사가시 마와리마시따가, 사이낑와
죠 - 꺄꾸가 쵹세쯔 코꾸하쯔 데끼루 요 - 니 나리마시따.

지하철 내 판매인이 사라져서 지하철이 조용해진 것 같아서 다행입니다.

車内販売の人がいなくなって、地下鉄が静かになったようでよかっ

たです。

샤나이 한바이노 히또가 이나꾸 낫떼, 치까떼쯔가 시즈까니 낫따 요 - 데 요깟따데스.

단속반에 잡혔을 때는 벌금도 만만치 않다고 합니다.

取り締まりで捕まった場合は、罰金もバカにならないそうです。

토리시마리데 츠까맛따 바아이와, 밧낑모 바까니 나라나이 소 - 데스.

열심히 벌어서 벌금 내면 진짜 돈 아깝겠네요.

一 生 懸 命 稼いで罰金を払ったら、本当にもったいないですよね。

잇쇼 - 켄메 - 카세이데 밧낑오 하랏따라, 혼또 - 니 못따이나이 데스요네.

역시 돈은 정당하게 버는 편이 좋다고 생각합니다.

やっぱりお金は正当に稼いだ方がいいと思います。

얏빠리 오까네와 세 - 또 - 니 카세이다 호 - 가 이 - 또 오모이마스.

2과 문법

見かけるは 타동사로서 〈가끔 눈에 띄다〉라는 뜻으로 앞에 조

사 を가 와서 직역하면 〈~을 가끔 보게 된다〉라고 쓰입니다. 참

고로 헷갈리기 쉬운 동사로 見付けるも 타동사로서 〈~을 발견

하다〉라는 뜻으로 쓰이며, 見付かるは 〈~~이 발견되다〉라는 뜻

의 자동사인데, 〈들키다〉라는 뜻으로도 쓰이며, 〈들키다〉라는 동

사에는 ばれる가 있습니다. 예문을 통해서 자세히 알아봅시다.

예문)

몇 년 전부터 전동 킥보드를 타고 다니는 사람이 가끔 눈에 띕니다.

何年か前から電動キックスクーターに乗ってるいる人をよく見かけ

ます。

1년 전에 잃어버린 장갑을 발견했습니다.

１年前に無くした手袋を見つけたんです。

데이트 중에 프러포즈하려고 몰래 준비했는데 여자친구한테 발견되어 작전이
실패했다.

デート中にプロポーズしょうと思ってこっそり準備したが、彼女に
見付かって作戦が失敗した。

옥상에서 몰래 혼자서 담배를 피우고 있는 것을 어머니에게 발견되어서 혼났
습니다.

屋上で密かに一人でタバコを吸っているところを母に見付かって
叱られました。

옥상에서 몰래 혼자서 담배를 피우고 있는 것을 어머니에게 들켜서 혼났습니다.

屋上で密かに一人でタバコを吸っているところを母にばれて叱られました。

後を絶たない는 〈~이 끊이지 않는다〉는 숙어입니다. 絶たない는 絶つ(끊다)의 부정 표현으로 직역하면 〈뒤를 끊지 않는다〉는 뜻이 된다. 예문을 통해 알아봅시다.

예문)

요즘 보이스 피싱 피해가 끊이질 않아서 걱정입니다.

最近ボイスフィッシングの被害が後を絶たないので心配です。

あふれる는 〈~~이 넘치다〉라는 뜻으로 앞에 조사 が가 오는 자동사입니다. 참고로 비슷한 표현으로 満ちる는 〈~~이 가득하다〉라는 뜻으로 앞에 조사 に가 오는 것이 차이점입니다.

예문)

공장의 자동화로 인해 실업자가 넘쳐나고 있습니다.

工場の自動化によって失業者があふれています。

하와이에서의 생활은 항상 행복으로 가득 차 있는 것처럼 보이지만 힘든 일도 많습니다.

ハワイでの暮らしはいつも幸せに満ちているように見えますが、大変なことも多いです。

で는 수단의 의미로 〈~~로〉라는 뜻으로 쓰입니다. 예문을 통해

자세히 알아봅시다.

예문)

오늘은 마트의 오픈 행사여서 에코백을 무료로 드립니다.

今日はスーパーのオープンイベントなので、エコバックを無料で差し上げます。

스승의 날이라서 감사의 메세지를 일본어로 써봤습니다.

先生の日だから感謝のメッセージを日本語で書いて見たんです。

이 카페는 벽돌로 지어 있어서 분위기가 좋습니다.

このカフェは煉瓦で作っていて雰囲気が良いです。

이 선에 따라서 가위로 잘라주세요.

この線にそってハサミで切ってください。

택시의 문이 자동으로 열리니까 기다려주세요.

タクシーのドアが自動で開くのでお待ちください。

진심으로 말해도 안 들어주면 의미가 없습니다.

本音で話しても聞いてくれなかったら意味がないんです。

이번 여행은 단체로 가니까 집합 시간은 반드시 지켜주세요.

今回の旅行は団体で行くので集合時間は必ず守ってください。

일주일에 한 번 친구끼리 노래방에 갑니다.

1週間に一回は友だち同士でカラオケに行きます。

〈명사 + のわりに〉는 〈~~에 비해서〉라는 뜻인데 비슷한 표현으로 〈명사 + に比べて〉가 있는데, 두 가지의 것을 비교하는 〈명사 + に比べて〉와는 달리 〈명사 + のわりに〉는 하나의 것 안에서 한 부분과 다른 부분을 비교할 때 쓰입니다. 또한 〈~~と~~を比べる〉가 되면 〈~~와~~를 비교하다〉라는 뜻으로 쓰입니다. 참고로 〈~~와~~를 비교하다〉라는 뜻으로 〈~~と~~を比較(ひかく)する〉라는 표현이 있는데, 둘 다 회화에서 자주 쓰이지만, 비교적 규모가 크고 무거운 화제에 대해서는 を比較(ひかく)する를 쓰고, 비교적 일상적인 화제에 대해서는 比(くら)べる를 쓰는 편입니다.

예문)

나는 자주 나이에 비해 젊게 보인다고 듣습니다.

私(わたし)はよく年(とし)のわりに若(わか)く見(み)えると言(い)われます。

한국에 비해서 일본의 택시요금이 비쌉니다.

韓国(かんこく)に比(くら)べて日本(にほん)のタクシー料金(りょうきん)が高(たか)いんです。

다른 사람과 자신을 비교하지 말고, 이전의 자신과 지금의 자신을 비교해주세요.

他(ほか)の人(ひと)と自分(じぶん)を比(くら)べないで以前(いぜん)の自分(じぶん)と今(いま)の自分(じぶん)を比(くら)べてください。

고령화 사회문제에 대해서 한국과 일본을 비교해봅시다.

高齢化社会(こうれいかしゃかい)の問題(もんだい)について韓国(かんこく)と日本(にほん)を比較(ひかく)して見(み)ましょう。

〈せい〉는 〈탓〉이고, せいか는 〈탓인지〉입니다.

접속 방법은 〈명사 + のせい(か)〉, 〈형용사 + せい(か)〉, 〈형용
동사な + せい(か)〉, 〈동사현재형, 과거형 + せい(か)〉로 되어
있고, 예문을 통해 자세히 알아봅시다.

예문)

〈명사 + せいか〉

이기적인 성격 탓인지 나는 삼 개월 이상 교제를 한 적이 없습니다.

わがままな性格のせいか、私は3ヶ月以上お付き合いをしたことが
ないです。

〈형용사 + せいか〉

아침저녁이 추운 탓인지 감기에 걸렸습니다.

朝晩が寒いせいか風邪を引いてしまったんです。

〈형용동사 + せいか〉

스페인의 밤거리는 조용한 탓인지 조금 무서운 느낌이 듭니다.

スペインの夜の街は静かなせいか少し怖い感じがします。

〈동사 + せいか〉

체중이 늘어난 탓인지 달리는 것이 힘듭니다.

<ruby>体<rt>たい</rt>重<rt>じゅう</rt></ruby>が<ruby>増<rt>ふ</rt></ruby>えたせいか<ruby>走<rt>はし</rt></ruby>るのが<ruby>大変<rt>たいへん</rt></ruby>です。

よかったです〈다행입니다〉와 비슷한 표현인 <ruby>何<rt>なに</rt></ruby>よりです는 〈무엇보다 좋습니다〉라는 뜻으로 〈좋다〉라는 〈いい〉가 생략되어 있습니다.

예문)

사고를 당해서 차는 폐차를 했지만 다치지 않아서 다행입니다.

<ruby>事故<rt>じこ</rt></ruby>に<ruby>遭<rt>あ</rt></ruby>って<ruby>車<rt>くるま</rt></ruby>は<ruby>廃車<rt>はいしゃ</rt></ruby>になったけど<ruby>怪我<rt>けが</rt></ruby>がなくて<ruby>何<rt>なに</rt></ruby>よりです。

バカにならない는 〈만만치 않다, 무시할 수 없다〉는 뜻으로, <ruby>無視<rt>むし</rt></ruby>できない와 비슷한 표현입니다.

예문)

여름에는 하루종일 에어컨을 쓰고 있어서 전기세가 만만치 않습니다.

<ruby>夏場<rt>なつば</rt></ruby>は<ruby>一日中<rt>いちにちちゅう</rt></ruby>エアコンを<ruby>使<rt>つか</rt></ruby>っているから<ruby>電気代<rt>でんきだい</rt></ruby>がバカにならないです。

애인이 있기 때문에 전화 요금이랑 식사비용이 만만치 않습니다.

恋人（こいびと）がいるから電話代（でんわだい）や食事代（しょくじだい）がバカにならないです。

아무리 사소한 수술이라고 해도 부작용은 절대 무시할 수 없다고 생각합니다.

いくらちょっとした手術（しゅじゅつ）だと言っても、副作用（ふくさよう）は絶対無視（ぜったいむし）できないと思（おも）います。

そうです는 〈~~라고 합니다〉라는 뜻 이외에 〈~일 것 같습니다〉라는 뜻으로도 쓰입니다. そうです가 형용사 뒤에 접속할 때는 형용사의 어미 い를 떼고, そうです를 접속하며, 형용사 いい(좋다)와 よい(좋다) 그리고 ない(없다) 뒤에는 さそうです의 형태로 접속을 하게 됩니다. 형용동사는 だ를 떼고, そうです를 접속하고, 동사는 연용형에 そうです를 접속합니다.

예문)

유럽여행은 6월에 가는 것이 저렴해서 좋을 것 같습니다.

ヨーロッパ旅行（りょこう）は6月（がつ）に行（い）くのが安（やす）くて良（よ）さそうです。

그는 항상 웃는 얼굴이라서 고민 따위는 없을 것 같습니다.

彼（かれ）はいつも笑顔（えがお）で悩（なや）みなんかなさそうです。

이 가게의 프렌치 토스트는 정말 맛있을 것 같습니다.

この店のフレンチトーストは本当においしそうです。

이사 간 집 바로 앞에 편의점이 있어서 편리할 것 같습니다.

引っ越しした家のすぐ前にコンビニがあるので便利そうです。

이 술은 달아서 몇 잔이라도 마실 수 있을 것 같습니다.

このお酒は甘くて何杯でも飲めそうです。

もったいない는 물질적인 음식, 물건, 돈에 대해 〈아깝다〉고 할 때 쓰입니다. 惜しい는 능력이나 실력이 〈아깝다〉 또는 〈아쉽다〉라는 뜻으로 사람에게도 자주 쓰는 편이고, なごり惜しい(이별하기 아쉽다), 口惜しい(분하다)와 같은 복합 형용사로서 쓰이기도 한다.

예문)

아직 쓸 수 있는데도 새로 사는 것은 아깝다고 생각합니다.

まだ使えるのに買い換えるのはもったいないと思います。

오래된 물건은 아깝지만 이사하기 전에 다 버립시다.

古くなった物はもったいないけど引っ越しする前に全部捨てましょう。

그는 회사에 있어서는 정말 아까운 인재였는데 돌연 교통사고로 사망해버렸습니다.

彼は会社においては本当に惜しい人材だったのに突然交通事故で亡くなってしまいました。

2점만 따면 합격할 수 있었는데 정말 아쉬워요.

あと二点で合格できたのに本当に惜しいです。

이별하기 아쉽지만 떠날 시간이 됐어요.

なごり惜しいですがお分かれの時間になりました。

동업자로부터 배신을 당했기 때문에 분해서 참을 수 없습니다.

同業者に裏切られたので口惜しくてたまらないです。

3과 본문

얼마 전에 제주도 여행을 다녀왔습니다.

すこ まえ チェジュドりょこう い き
少し前に済州島旅行に行って来たんです。

스꼬시 마에니 제주도 료꼬 – 니 잇떼 키딴데스.

서울에서 제주도까지 비행기로 1시간 정도 걸립니다.

チェジュド ひこうき いちじかん
ソウルから済州島まで飛行機で1時間ほどかかります。

소우루까라 제쥬도마데 히꼬 – 끼데 이찌지깡 호도 카까리마스.

제주도는 미세먼지가 없어서 정말 좋았습니다.

チェジュド ピーエムにてんご ほんとう よ
済州島はPM2.5がなくて本当に良かったんです。

제쥬도와 피 – 에무 니뗀고가 나꾸떼 혼또 – 니 요깟딴데스.

왜 많은 사람들이 신혼여행으로 제주도에 가는지 알 것 같은 느낌이 듭니다.

おお しんこんりょこう チェジュド い わ き
なぜ多くの人が新婚旅行で済州島に行くのか分かる気がします。

나제 오 – 꾸노 히또가 신꼰 료꼬 – 데 제쥬도니 이꾸노까 와까루 키가 시마스.

제주도에는 아마존의 밀림 같은 숲길이 꽤 많은데요. 숲길 안에 있으면 마치 다른 세상에 있는 것 같습니다.

済州島には、アマゾンの密林のような林道がかなり多いですが、林道の中にいるとまるで別の世界にいるみたいです。

제쥬도니와, 아마죵노 미쯔린노 요－나 린도－가 카나리 오－이데스가, 린도－노 나까니 이루 또 마루데 베쯔노 세까이니 이루 미따이데스.

제주도는 렌트카 없이는 돌아다니기 힘들어요. 그 때문에 달리고 있는 자동차의 절반은 렌트카입니다.

済州島はレンタカーなしでは回りにくいんです。そのために走っている車の半分はレンタカーなんです。

제쥬도와 렌따까－나시데와 마와리 니꾸인데스. 소노 타메니 하싯떼 이루 쿠루마노 한붕와 렌따까－난데스.

지금은 제주도 사람들은 대체로 표준어를 씁니다. 하지만, 연세가 많으신 분들 중에는 옛날 제주도 말을 쓰는 분도 계신다고 합니다.

今は、済州島の人々は大体標準語を使います。しかし、年配の方々の中には、昔の済州島の言葉を使う方もいらっしゃるそうです。

이마와, 제쥬도노 히또비또와 다이따이 효－쥰고오 쯔까이마스. 시까시, 넨빠이노 카따가따노 나까니와, 무까시노 제쥬도노 코또바오 쯔까우 카따모 이랏샤루 소－데스.

이번 제주도 여행은 제 인생에 있어서 잊을 수 없는 소중한 추억이 되었습니다.

今回の済州島旅行は私の人生において忘れられない大切な思い出になりました。

콘까이노 제쥬도 료꼬－와 와따시노 진세－니 오이떼 와스레 라레나이 타이세쯔나 오모이데니 나리마시따.

일본에서는 〈미세먼지가 많다〉라는 표현으로 〈ＰＭ２.５の濃度
が高い(미세먼지의 농도가 높다)〉, 〈미세먼지가 적다〉라는 표현
으로 〈ＰＭ２.５の濃度が低い(미세먼지의 농도가 낮다)〉라고 표
현합니다. 또한 〈미세먼지가 있다, 없다〉에 〈ＰＭ２.５がある,
ない〉라고 쓰이기도 합니다.

예문)

내일은 미세먼지 농도가 높기 때문에 마스크 착용이 필요합니다.

明日はＰＭ２.５の濃度が高いのでマスクの着用が必要です。

오늘은 미세먼지가 그다지 없기 때문에 체육 수업은 운동장에서 합시다.

今日はＰＭ２.５があまりないので体育の授業を運動場でしましょう。

ほど와 ぐらい는 둘 다 〈정도〉라는 뜻으로 쓰이지만, ほど는 따
로 〈~~만큼〉이라는 뜻으로도 쓰입니다. 〈~~만큼〉이라고 쓰이
는 단어로 〈だけ〉가 있습니다. 보통 동사 과거형에 접속하면서
문장 형식은 〈~~한 만큼의 ~~가 있다〉라는 식으로 자주 쓰입
니다. 예문을 통해 이해해봅시다.

예문)

이 정도의 일로 포기하지 않습니다.

これぐらいのことであきらめたりしないですよ。

인천공항에서 런던까지 환승을 포함해서 14시간 정도 걸립니다.

仁川空港からロンドンまで乗り換えを含めて１４時間ぐらいかかるんです。

그는 다들 놀랄 정도로 노래를 잘합니다.

彼はみんながビックリするほど歌がうまいんです。

여기는 호텔 셰프도 절찬할 정도의 맛집이라고 합니다.

ここはホテルのシェフも絶賛するほどの美味しい店だそうです。

나의 영어 실력은 미우라 씨만큼은 안 되지만, 어느 정도는 가능합니다.

私の英語の実力は三浦さんほどではないですが、ある程度はできます。

고생해서 여기까지 온 만큼의 값어치는 있습니다.

苦労してここまで来ただけの値打ちはあります。

かける는 타동사이며, 〈걸다〉라는 뜻으로 〈お金をかける〉는 〈돈을 들이다〉이고, 〈時間をかける〉는 〈시간을 들이다〉가 되며, かける의 자동사인 かかる는 〈걸리다〉라는 뜻으로 〈お金がかかる〉는 〈돈이 들다〉이고, 〈時間がかかる〉는 〈시간이 걸리다〉라는 뜻으로 쓰입니다.

예문)

이 건물은 돈을 엄청 들여서 만들었기 때문에 집세도 주변의 3배입니다.
この建物はお金をいっぱいかけて作ったので家賃も周りの三倍です。

이 책은 긴 시간을 들여서 만든 만큼의 가치가 있습니다.
この本は長い時間をかけて作っただけの価値があります。

최근의 대학생은 자격증을 따기 위하여 학원에 다녀야 해서 돈이 듭니다.
最近の大学生は資格をとるために学院に通わないといけないからお金がかかるんです。

시간이 걸려도 꿈을 포기하지 않고 꾸준히 노력하는 젊은이들을 응원하고 싶습니다.

時間がかかっても夢をあきらめないでコツコツとがんばっている若者たちを応援したいです。

分かるは〈알다, 이해하다〉라는 뜻으로 쓰이는데, 〈알다〉의 뜻으로 쓰이는 知る와 헷갈리기 쉽습니다. 分かる는 실제로는 〈알다〉의 의미보다는 어떤 내용을 〈이해하다〉라는 의미로 쓰이고, 知る가 어떤 사실을 〈알다〉의 의미로 쓰이고 있습니다.

예문)

내가 말하는 것이 어떤 의미인지 알겠습니까?(이해하겠습니까?)

私が言っていることがどういう意味なのか分かりますか。

제가 어떤 마음으로 퇴직서를 냈는지 부장님도 이해해줬으면 좋겠습니다.

私がどんな気持で退職願いを出したのか部長にも分かってほしいです。

이 문제의 대답을 알고 있는 사람은 선생님뿐입니다.

この問題の答えを知っている人は先生だけです。

인사이동이 있을 것을 너는 알고 있었는데도 뭣 때문에 가르쳐주지 않았냐?

人事移動があるのを君は知っていたのに何で教えてくれなかった
の。

〈명사 + なしでは〉는 〈~없이는〉이라는 뜻으로 회화에서 많이

쓰이는 표현입니다. 예문을 통해 이해해봅시다.

예문)

저는 그이가 없이는 아무것도 못하는 사람이 되어버렸습니다.

私は彼なしでは何もできない人間になってしまいました。

〈동사의 연용형 + やすい〉는 〈~~하기 쉽다〉라는 뜻이며, 반대

로 〈~~하기 힘들다, 어렵다〉는 〈동사 연용형 + にくい〉입니다.

비슷한 표현으로 〈동사 연용형 + がたい〉도 〈~~하기 힘들다,

어렵다〉인데, 비교적 딱딱한 표현이고, 문어체적인 느낌이 강합

니다.

예문)

이 기구를 쓰면 감을 따기 쉽습니다.

この器具を使うと柿が取りやすいです。

산에 오를 때는 등산화를 신으면 오르기 편합니다.

山に登る時は登山靴を履いたら登りやすいです。

프랑스어를 배우기 시작했는데 단어를 외우기 어려워요.

フランス語を習い始めたんですが単語が覚えにくいです。

이 동네는 도심에서 떨어져 있어서 외국인은 살기 힘들어요.

この町は都心から離れていて外国人は住みにくいです。

저 부부가 이혼했다니 믿기 어렵네요.

あの夫婦が離婚したとは本当に信じがたいですね。

첫 데이트는 잊기 어려운 소중한 추억입니다.

初めてのデートは忘れがたい大切な思い出です。

年配の方々는 〈연배가 있으신 분〉이라는 뜻이며, 같은 뜻으로 〈お年よりの方々〉가 있습니다. 老人은 어르신들을 부르는 호칭으로는 쓰지 않고, 단지 老人ホーム, 老人性痴呆症과 같이 양로원이나 병명 등에 쓰입니다.

예문)

한국에서는 지하철이나 버스에서 연배가 있으신 분에게 자리를 양보하는 것은
당연합니다.

韓国では地下鉄やバスで年配の方々に席を譲るのが当たり前です。

생애학습센터에는 연세가 있으신 분들을 위한 프로그램이 많습니다.

生涯学習センターにはお年寄りの方々のためのプログラムが多

いんです。

우리 어머니는 항상 "나중에 나이 먹으면 노인홈으로 들어 갈거다"라고 말합
니다.

母はいつも " そのうち年を取ったら老人ホームに入る " って言い

ます。

노인성 치매증에 걸리지 않기 위해서는 매일 걷는 것이 중요하다고 합니다.

老人性痴呆症にならないためには毎日歩くことが重要だそうで

す。

〈명사 + において〉는 〈~~에 있어서〉라는 뜻인데, 다이어트, 취

업준비, 인생 등 어떤 행위를 하는 데 〈에 있어서〉라는 뜻으로

쓰이며, 비슷한 표현으로 〈명사 + にとって〉도 〈~~에(게) 있어

서)인데, 이 표현은 어떤 행위라기보다는 기업, 국가, 그 사람과

같이 어떤 대상 〈에게 있어서〉라는 뜻으로 쓰입니다.

예문)

다이어트에 있어서 잘 씹고 천천히 먹는 것과 꾸준한 운동은 가장 중요하다고
생각합니다.

ダイエットにおいて良く噛んでゆっくり食べることと地道な運動は
最も大事だと思います。

취업준비에 있어서 자격공부는 필수입니다.

就職準備において資格の勉強は必須です。

나의 인생에서 봉사 활동은 정말 옳은 의미가 있는 활동이었습니다.

私の人生においてボランティアは本当に有意義な活動でした。

지금의 시대에 기업에 있어서 가장 중요한 것은 고객과의 소통이라고 생각합
니다.

今の時代企業にとって一番重要なことは顧客とのコミュニケーショ
ンだと思います。

국가에 있어서 군대는 평화를 위해서 반드시 없어서는 안 되는 존재입니다.

国家にとって軍隊は平和のために必ずなくてはいけない存在です。

그에게 있어서 주말에 자전거를 타는 것은 유일한 낙입니다.

彼にとって週末に自転車に乗ることは唯一の楽しみです。

4과 본문

최근에는 주말 부부가 많은 것 같습니다.

さいきんしゅうまつこん おお
最近は週末婚が多いようです。

사이낑와 슈-마쯔꼰가 오-이 요-데스.

주말 부부가 되는 이유는 여러 가지인데요.

しゅうまつこん りゅう
週末婚になる理由はさまざまなんですが。

슈-마쯔꼰 니나루 리유-와 사마쟈마난데스가.

자주 출장에 가거나, 회사가 너무 멀거나 해서, 다니는 것이 불가능한 경우에는 차라리 회사의 사원 기숙사에서 지내고 주말에만 집에 돌아오는 경우가 많습니다.

しゅっちょう   かいしゃ とお   かよ   ふかのう
よく出張に行ったり、会社が遠すぎたりして、通うことが不可能な
ばあい   かいしゃ しゃいんりょう   しゅうまつ いえ かえ
場合は、むしろ会社の社員寮ですごして、週末だけ家に帰ることが
おお
多いです。

요꾸 슛쵸-니 잇따리, 카이샤가 토-스기따리 시떼, 카요- 코또가 후까노-나 바아이와, 무시로 카이샤노 샤인 료-데 스고시떼, 슈-마쯔 다께 이에니 카에루 코또가 오-이데스.

이런 경우에는 부부 사이가 나빠질지도 모른다는 의견도 있습니다만, 오히려 사이가 더 좋아지는 경우도 있다고 합니다.

こういう場合は夫婦の仲が悪くなるかもしれないという意見もありますが、かえって仲がもっと良くなる場合もあると言われています。

코-유 바아이와 후-후노 나까가 와루꾸 나루 까모시레나이 또이우 이껜모 아리마스가, 카엣떼 나까가 못또 요꾸 나루 바아이모 아루또 이와레떼 이마스.

매일 같이 있으면 상대방의 소중함을 잊는 경우도 있고, 금방 싫증이 날 가능성도 있습니다.

毎日一緒にいると相手の大切さを忘れる場合もあるし、すぐあきる可能性もあります。

마이니찌 잇쇼니 이루또 아이떼노 타이세쯔사오 와스레루 바아이모 아루시, 스구 아끼루 카노-세-모 아리마스.

매일 가족을 만나는 기쁨도 큽니다만, 오래간만에 만났을 때의 기쁨은 분명히 몇 배나 큽니다.

毎日家族に会う喜びも大きいですが、久しぶりに会った時の喜びは何倍も大きいはずです。

마이니찌 카죠꾸니 아우 요로꼬비모 오-끼-데스가, 히사시부리니 앗따 토끼노 요로꼬비와 난바이모 오-끼-하즈데스.

그렇지만 아이의 입장에서 생각하면 교육상 일주일에 한 번만 만나는 건 좀 쓸쓸하다고 생각합니다.

しかし、子どもの立場で考えると教育上一週間に一回だけ会うのは、ちょっとさびしいと思います。

시까시, 코도모노 타찌바데 캉가에루또 쿄ー이꾸죠ー 잇슈ー깐니 잇까이 다게 아우노와 춋또
사비시ー또 오모이마스.

그 대신 아이를 만났을 때에는 가능한 한 힘껏 놀아주는 편이 좋겠죠.

そのかわり、子どもに会った時は出来るだけ目一杯遊んであげたほ
うがいいでしょう。

소노 카와리, 코도모니 앗따 토끼와 데끼루 다게 메잇빠이 아손데 아게따 호ー가 이ー데쇼ー.

〈여러 가지〉의 의미로 さまざまな와 비슷한 표현으로 いろいろ
な와 いろんな가 있는데, 거의 차이점이 없지만, さまざまな는
비교적 정중하면서 어른들이 쓰는 표현이지만, いろいろな와
いろんな는 비교적 격식 없이 편하게 쓰는 표현이며, 아이들도
많이 쓰는 표현입니다. 또한 いろんな가 いろいろな보다 좀 더
격식 없이 편하게 쓰는 표현이라고 할 수 있습니다. 그리고 い
ろいろ만 쓰면 〈여러 가지로〉라는 뜻으로 부사로 쓰일 수 있습
니다. さまざま는 부사로 쓰이지는 않습니다.

예문)

사람에 따라서 여러 가지 사고방식이 있으니까 정답은 없습니다.

人によってさまざまな考え方があるので正解はないんです。

선택지는 여러 가지지만 결정하는 것은 자기 자신입니다.

選択肢はさまざまですが、決めるのは自分自身です。

한국에 와서 여러 가지 일이 있었지만 정말 즐거웠어요.

韓国に来ていろいろなことがありましたが、本当に楽しかったです。

지금까지 여러모로 가르쳐주셔서 고마웠습니다.

今までいろいろ教えていただきありがとうございました。

학생 때 여러 가지 과목을 공부하는 것은 자신에게 맞는 분야를 미리 찾아보기
위해서입니다.

学生の時、いろんな科目を勉強するのは自分に合う分野を前もって
探してみるためです。

ほとんどは〈거의〉라는 뜻인데, 대체로 부정 표현이 많이 옵니

다. 단 ほとんどの라고 쓰일 때는 〈대부분의〉라는 뜻으로 이때

는 긍정 표현이 옵니다. ほぼ도 〈거의〉라는 뜻으로 횟수를 의미
할 때가 많고, 뒤에 긍정 표현이 많이 옵니다.

예문)

이 게스트하우스에 숙박하고 있는 손님은 거의 영어를 할 줄 몰라요.

このゲストハウスに泊まっているお客さんはほとんど英語が話せな
いんです。

세계의 대부분의 사람들이 전쟁에 반대하고 있습니다.

世界中のほとんどの人が戦争に反対しています。

저는 술을 아주 좋아해서 이자카야는 거의 매일 갑니다.

私はお酒が大好きなので居酒屋はほぼ毎日行きます。

すぎる는 앞에 동사, 형용사, 형용동사와 접속해서 〈너무 ~~해
서〉라는 뜻으로 쓰이는데, 그 접속 방식은 아래와 같습니다. 참
고로 같은 한자를 쓰지만 다른 동사로서 通うが 있는데 정기적
으로 〈다니다〉라는 뜻입니다. 예문으로 자세히 이해해 봅시다.

예문)

〈5단 동사의 어미 い단으로 변경 + すぎる접속〉

일을 너무 많이 해서 가족과의 소통이 잘 안 됩니다.

働_{はたら}きすぎて家族_{かぞく}とのコミュニケーションがうまく取_とれてないです。

〈1단 동사의 어미 る를 제거 + すぎる접속〉

세탁기에 한 번에 세탁물을 너무 많이 넣어서 고장이 나버렸습니다.

洗濯物_{せんたくもの}を一気_{いっき}に入_いれすぎて洗濯機_{せんたくき}が故障_{こしょう}してしまいました。

〈불규칙동사 する는 しすぎる〉

첫 유럽여행이라서 환전을 너무 많이 해서 유로가 남아버렸습니다.

初_{はじ}めてのヨーロッパ旅行_{りょこう}だったので両替_{りょうがえ}しすぎて、ユーロが余_{あま}って

しまいました。

〈불규칙동사 来る는 来すぎる〉

너무 일찍 와서 30분 전부터 백화점 앞에서 기다리고 있습니다.

早_{はや}く着_つきすぎたので、３０分_{さんじゅっぷんまえ}前からデパートの前_{まえ}で待_まっています。

〈형용사는 い를 제거 + すぎる접속〉

이 브랜드를 좋아하지만 올해의 신상은 너무 비싸서 못 삽니다.

このブランドが好きですが、今年の新商品は高すぎるので買えない
です。

〈형용동사는 だ를 제거 + すぎる접속〉

이 드레스는 너무 화려해서 크리스마스 파티에는 좀 어울리지 않습니다.

このドレスは派手すぎてクリスマスパーティーにはちょっと合わな
いんです。

입사한 후부터 쭉 영어학원에 다니고 있습니다.

入社してから毎週英会話スクールに通っています。

매일 도서관에 다니면서 논문을 쓰고 있어요.

毎日図書館に通いながら論文を書いています。

帰る와 戻る는 둘 다 〈돌아오다〉라는 뜻이지만, 帰る는 자신의
나라, 집으로 돌아오는 것을 의미하고 戻る는 원래 있던 곳으로
돌아온다는 뜻으로 의미의 차이가 있습니다.

예문)

가족이 있는 모국에 돌아온 것은 바른 선택이었어요.

家族がいる母国に帰ったことは正しい選択だったんです。

예전 부서에 돌아오고 나서 일이 편해졌습니다.

前の部署に戻ってから仕事が楽になりました。

一回와 一度는 둘 다 〈한 번〉라는 뜻인데, 차이점은 거의 없지만, 一回가 비교적 격식없이 편하게 쓰인다고 볼 수 있습니다. 참고로 一番은 번호를 의미하는 〈1번〉이라는 뜻이고, 〈제일〉이라는 뜻으로도 쓰입니다.

예문)

윈드 서핑은 옛날에 몇 번인가 해본 적은 있습니다만, 지금은 왠지 모르게 파도를 타는 것이 무섭습니다.

ウィンドサーフィンは昔何回かしたことがありますが、今はなんとなく波に乗るのが怖いです。

스페인은 한 번 가본 적이 있지만, 또 가고 싶은 장소네요.

スペインは一度行ったことがありますが、また行きたい場所ですね。

뭔가 문제가 있으시면 1번 버튼을 눌러주세요.

何か問題がありましたら、一番のボタンを押してください。

〈동사 원형 + かわりに〉는 〈~하는 대신에〉라는 뜻으로 거의 앞

에 동사 원형이 옵니다.

예문)

이 일을 하는 대신에 크리스마스 파티의 사회는 다른 팀한테 맡겨주세요.

この仕事をするかわりにクリスマスパーティーの司会は他のチーム
に任せてください。

目一杯는 〈할 수 있는 한〉라는 뜻으로 비슷한 표현으로 〈出来

るだけ〉, 〈出来る限り〉가 있습니다.

차이점은 〈出来るだけ〉, 〈出来る限り〉는 뒤에 の를 붙여 수식

을 할 수 있습니다. 예문을 보고 이해해 봅시다.

예문)

회사를 위해서 제가 할 수 있는 일은 힘껏 해보겠습니다.

会社のために私ができることは目一杯させていただきます。

선배, 제가 할 수 있는 만큼 선생님을 설득해 보겠습니다만, 그다지 기대하지 마십시오.

先輩、私が出来るだけ先生を説得してみますが、あまり期待しないでください。

그녀와 결혼하기 위해서 할 수 있는 한의 일은 했습니다만, 아직 답장은 받지 않았습니다.

彼女と結婚するために出来る限りのことはやりましたが、まだ返事はもらってないです。

だろうは でしょうの 반말입니다. 그래서 だろう 대신에 でしょう를 넣으면 존대말이 됩니다.

접속 방식은 〈명사 + だろう, でしょう〉, 〈형용사 + だろう, でしょう〉, 〈형용동사 + だろう, でしょう〉, 〈동사 + だろう, でしょう〉와 같습니다.

예문)

이건 처음 보는 디자인인데 새 모델이겠지.

これは初めて見るデザインだからきっと新しいモデルだろう。

이건 처음 보는 디자인인데 새 모델이겠죠.

これは初めて見るデザインだからきっと新しいモデルでしょう。

이 안경은 작업용으로 샀는데 가볍지?

このメガネは作業用で買ったんだけど軽いだろう。

이 안경은 작업용으로 샀는데 가볍죠?

このメガネは作業用で買ったんだけど軽いでしょう。

이 동네는 자취하기에는 편리하지?

この町は一人暮らしするには便利だろう。

이 동네는 자취하기에는 편리하죠?

この町は一人暮らしするには便利でしょう。

좀 있으면 프로그램이 완성되니까 오늘은 잔업하겠지.

もう少しでプログラムが完成するから今日は残業するだろう。

좀 있으면 프로그램이 완성되니까 오늘은 잔업하겠죠.

もう少しでプログラムが完成するから今日は残業するでしょう。

公平な世の中
공평한 세상

5과 본문

제가 15년 전에 일본에 갔을 때 놀란 일이 있었습니다.

私が１５年 前日本に行った時びっくりしたことがありました。

와따시가 쥬－고넨 마에 니혼니 잇따 토끼 빗꾸리시따 코또가 아리마시따.

일본 화장실에 갔을 때 남성용 변기가 5개 있었습니다만, 모든 사람들은 각 변기 앞에 서서 기다리지 않고, 더 뒤에 있는 정지선 앞에서 1열로 줄을 서서 기다리고 있었습니다.

日本のトイレに行った時男性用の便器が5つあったんですが、みなさんは各便器の前に立って待たないで、もっと後ろにある停止線の前で一列に並んで待っていました。

니혼노 토이레니 잇따 토끼 단세요－노 벤끼가 이쯔쯔 앗딴데스가, 미나상와 카꾸 벤끼노 마에니 탓떼 마따나이데, 못또 우시로니 아루 테－시센노 마에데 이찌레쯔니 나란데 맛떼 이마시따.

그걸 본 순간 정말 공평하게 화장실을 이용하고 있다고 생각했습니다.

それを見た瞬間本当に公平にトイレを利用していると思いました。

소레오 미따 슌깐 혼또－니 코－헤－니 토이레오 리요－시떼 이루또 오모이마시따.

뒤쪽에서 1열로 줄을 서서 기다리고 있으면 공평하게 먼저 온 사람이 우선적으로 이용하는 것이 가능하기 때문입니다.

後ろで一列に並んで待っていると、公平に先に来た人が優先的に利用することができるからです。

우시로데 이찌레쯔니 나란데 맛떼 이루또, 코-헤-니 사끼니 키따 히또가 유-센떼끼니 리요- 스루 코또가 데끼루 까라데스.

이런 문화가 화장실뿐만 아니라 은행의 ATM이나 버스 정류장 등 여러 곳에서 실현 가능하게 되면 좋겠네요.

このような文化がトイレだけではなく、銀行のATMやバス停留所などいろいろな所で実現できるといいですね。

코노 요-나 분까가 토이레 다께데와나꾸, 깅꼬-노 에-띠-에무야 바스 테-류-죠- 나도 이로이로나 토꼬로데 지쯔겐 데끼루또 이-데스네.

최근에는 시청이나 은행에서 순서를 기다리는 번호를 뽑고 기다리는 경우가 많습니다.

最近は市役所や銀行で順番待ちの番号を取って待つ場合が多いです。

사이낑와 시야꾸쇼야 깅꼬-데 쥰방마찌노 방고-오 톳떼 마쯔 바아이가 오-이데스.

이것도 공평하게 먼저 온 사람이 우선적으로 볼일을 해결할 수 있도록 한 규칙입니다.

これも公平に先に来た人が優先的に用事をすませるようにした規則です。

코레모 코-헤-니 사끼니 키따 히또가 유-센떼끼니 요-지오 스마세루 요-니 시따 키소꾸데스.

세상이 점점 공평해져가는 것 같습니다.

世の中がだんだん公平になっていくようです。

요노 나까가 단단 코-헤-니 낫떼 이꾸 요-데스.

공평한 세상이 되면 억울함을 당하는 사람이 점점 사라지겠죠.

公平な世の中になったら悔しい思いをする人がだんだん居なくな

るでしょう。

코-헤-나 요노나까니 낫따라 쿠야시- 오모이오 스루 히또가 단단 이나꾸나루 데쇼-.

5과 문법

並べるは 타동사로서 〈(변명)을 늘어놓다〉라는 뜻과 〈(물건)을

늘어 세우다〉의 뜻이 있습니다.

並ぶは 자동사로서 〈늘어서다, 진열되다〉, 〈줄을 서다〉라는 뜻

이 있습니다.

예문)

변명을 늘어놓지 말고 빨리 사과하세요.

言い訳ばかり並べないで早く謝ってください。

이 코너에 진열해 있는 상품은 다 반값입니다.

このコーナーに並べている商品は全部半額です。

이 코너에 진열되어 있는 상품은 다 반값입니다.

このコーナーに並んでいる商品は全部半額です。

오디션을 받으러 온 사람이 쭉 줄을 서 있습니다.

オーディションを受けに来た人がずらっと並んでいます。

ホテル(호텔), 銭湯(공중 목욕탕), お店(가게), 商店(상점), 電車(전철), インターネットサイト(인터넷 사이트), アプリ(어플) 등 어떤 회사를 〈이용하다〉라는 표현에는 〈利用する〉가 쓰이고, お金(돈), 小遣い(용돈), お箸(젓가락), 頭(머리), 携帯(휴대폰), パソコン(컴퓨터) 등 사물〈을 쓰다〉에는 使う를 쓰는 편입니다.

여기는 제가 매주 일요일에 이용하고 있는 카페입니다.

ここは私が毎週日曜日に利用しているカフェです。

한 달에 쓴 돈을 가계부에 적어서 정리해보면 좋아요.

一か月に使ったお金を家計簿に書いて整理してみるといいです。

こんな(이런)은 감정적인 표현에 많이 쓰이고, このような(이러한)과 こういう(이러한)은 이성적인 표현에 많이 쓰이는데, 비교적 このような가 좀 더 정중한 표현입니다.

예문)

담당자는 이런 의견을 참고해서 개선책을 생각해보세요.

担当者はこのような意見を参考に改善策を考えてください。

이런 얘기는 전화보다 얼굴 보고 말하는 것이 좋아요.

こういう話は電話より直接顔を見て話した方がいいんです。

아이도 아닌데도 이런 일로 싸우다니 한심하다.

子どもでもないのに、こんなことで喧嘩するなんて情けないよ。

だけではなく(~~뿐만 아니라)와 비슷한 표현으로 のみならず(~~뿐만 아니라)가 있는데, 거의 차이가 없지만, だけではなく가

のみならず보다 좀 더 구어체에 가깝고, 편하게 쓰는 표현이고,

のみならず가 비교적 문어체에 가깝고 정중한 표현이며, 좀 더

무거운 주제에 쓰인다고 볼 수 있습니다.

예문)

횡단 보도에서의 사고는 아이뿐만 아니라 부모도 주의해야 합니다.

横断歩道での事故は子どもだけではなく親も気をつけなければな

らないんです。

이 시설의 문제점에 대해서는 전문가만이 아니라 이용자들의 목소리도 들어야

합니다.

この施設の問題については専門家のみならず利用者達の声も聞く

べきです。

取るは 가장 많이 쓰이는 뜻으로 고생을 해서 자격이나, 상, 휴

가 등등을 〈~~을 취하다, 얻다〉라는 뜻이 있습니다.

예문)

자격을 많이 따면 취직하기 쉬워요.

資格をたくさん取った方が就職しやすいんです。

이번 영화제에서 상을 받은 영화입니다.

今回の映画祭で賞を取った映画なんです。

휴가를 받아서 가족이랑 같이 스페인 여행에 다녀오겠습니다.

休暇を取って家族と一緒にスペイン旅行に行って来ます。

済むは 자동사로서 일이 무사히 〈해결되다〉라는 뜻이고, 済ま
せるは 済む의 사역 표현으로서 일을 무사히 〈해결시키다〉라
는 뜻이 됩니다. 済まない는 직역하면 〈일이 해결이 안 된다〉라
는 뜻으로 결국 〈미안하다〉라는 뜻이 되며, 우리가 잘 알고 있는
すみません의 어원이기도 합니다.

예문)

이건 전화로 해결할 문제가 아니니까 직접 가봅시다.

これは電話で済ませる問題じゃないから直接行ってみましょう。

벌금 내는 것만으로 해결돼서 정말 다행이에요.

罰金を払うだけで済んで本当に良かったです。

오랫동안 고생만 시켜서 정말 미안하다고 생각하고 있어요.

長い間苦労ばかりかけて本当に済まないと思っています。

だんだんと どんどんは 둘 다 〈점점〉이라는 뜻이지만, どんど
んの 좀 더 그 강도가 센 느낌이 있습니다.

예문)

카페를 오픈한 지 3개월인데 요즘 점점 손님이 많아졌습니다.

カフェをオープンして三ヶ月ですが、最近だんだんお客さんが増え
て来ました。

이건 코스요리라서 음식이 계속해서 나오니까 천천히 드세요.

これはコース料理でどんどん料理が出て来ますので、ゆっくり召し上
がってください。

世の中は 〈세상〉이라는 뜻이고 감상적이고, 추상적인 내용에
쓰이는 반면, 世界는 〈세계〉라는 뜻으로 시사적인 내용에 많이
쓰이는 표현입니다.

예문)

이 세상에서 제가 제일 존경하는 사람은 우리 아버지예요.

この世の中で私が一番尊敬している人は父です。

여기는 세계적으로 유명한 디자이너의 가게입니다.

ここは世界的に有名なデザイナーの店です。

동사의 가정형에는 여러 가지 표현이 있는데, 의미상으로 미묘한 차이점이 있습니다. 5단 동사인 なる를 예를 들면 〈なる의 어미る 제거 + ったら 접속〉인 なったら는 일본인들이 가장 무난하게 쓰는 표현으로 비교적 부드러운 표현이며, 자신의 말에 대해 강한 주장이 느껴지지는 않습니다. 반면에 〈なる의 어미る를 え단으로 변경 + ば 접속〉인 なれば는 비교적 강한 표현으로 자신의 강한 주장을 표현하는 느낌이 있습니다. 〈동사 원형 なる + と 접속〉인 なると는 원인과 결과의 인과 관계와 같이 이렇게 하면 이렇게 된다는 뜻으로 쓰이며, 〈동사 원형 なる + なら 접속〉인 なるなら는 비교적 현실 가능성이 떨어지는 가정을 할 때 쓰이며, なったら, なれば, なると는 〈~~가 되면〉이지만, なるなら는 〈~~가 된다면〉이라고 표현됩니다. なるんだったら는 なるなら의 구어체 표현이라고 할 수 있습니다.

예문)

9시가 되면 제가 좋아하는 드라마를 봐야 합니다.

9時になったら私が好きなドラマを見ないといけないんです。

겨울이 되면 아리마 온천에 가서 푹 쉬고 싶습니다.

冬になれば有馬温泉に行ってゆっくりしたくなります。

65세가 되면 국민연금을 받을 수 있습니다.

6 5 歳になると国民年金をもらうことができるんです。

제가 엄마가 된다면 해보고 싶은 것이 많이 있어요.

私がママになるならやってみたいことがたくさんあります。

이렇게 될 줄 알았다면 더 빨리 하면 좋았을 텐데.

こんなことになるんだったらもっと早くすればよかったです。

変わった世の中
달라진 세상

6과 본문

가끔 옛날을 배경으로 한 영화나 드라마를 보면 그때의 생활은 정말 힘들었겠다고 생각합니다.

たまに昔を背景にした映画やドラマをみると、あの頃の生活は本当に大変だっただろうと思います。

타마니 무까시오 하이께-니 시따 에-가야 도라마오 미루또, 아노 코로노 세-까쯔와 혼또-니 타이헨닷따 다로-또 오모이마스.

불과 100년 전에도 신분에 의한 차별이나 남녀 차별도 있었고, 전쟁도 많았고, 누명을 쓰는 사람도 많았습니다.

わずか100年前でも身分による差別や男女差別もあり、戦争も多く、濡れ衣を着せられた人も多かったです。

와즈까 햐꾸넨 마에데모 미분니 요루 사베쯔야 단죠 사베쯔모 아리, 센소-모 오-꾸, 누레기누오 키세라레따 히또모 오-깟따데스.

그런 역사가 수천 년 이어지고 있었습니다.

そのような歴史が数千年続いていました。

소노 요-나 레끼시가 스-센넨 츠즈이떼 이마시따.

그렇지만 신기하게도 100년도 지나지 않은 사이에 세상은 아주 바뀌었습니다.

しかし、不思議な事に100年も経たないうちに、世の中はすっかり変わりました。

시까시, 후시기나 코또니 햐꾸넨모 타따나이 우찌니, 요노 나까와 슷까리 카와리마시따.

최근에는 오히려 남성보다 여성으로서 사는 것이 행복하다고 말하는 사람도 많고, 신분에 의한 차별을 경험한 사람도 줄어들었습니다.

最近はむしろ男性より女性として生きるのが幸せだと言う人も多くて、身分による差別を経験した人も減って来ました。

사이낑와 무시로 단세 - 요리 죠세 - 또시떼 이끼루노가 시아와세다또 이우 히또모 오 - 꾸떼, 미분니 요루 사베쯔오 케 - 껜시따 히또모 헷떼 키마시따.

물론 지금은 전쟁이 아직 완전히 사라진 것은 아니지만 인구는 100년 전보다 무척 늘어났는데도, 전쟁은 상당히 줄어들었습니다.

もちろん今は戦争がまだ完全に終わったわけではないですが、人口は100年前よりずいぶん増えたのに、戦争はかなり減りました。

모찌롱 이마와 센소 - 가 마다 칸젠니 오왓따 와께데와나이데스가, 진꼬 - 와 햐꾸넨 마에 요리 즈이붕 후에따노니, 센소 - 와 카나리 헤리마시따.

과학이나 예술 문명도 급속도로 발전해서 만약 100년 전 사람들이 지금의 세상을 보면 낙원이라고 말하겠죠.

科学や芸術の文明も急速に発展して、もし100年前の人たちが今の世の中をみたら、パラダイスだと言うでしょう。

카가꾸야 게 - 쥬쯔노 분메 - 모 큐 - 소꾸니 핫뗀 시떼, 모시 햐꾸넨 마에노 히또타찌가 이마노 요노나까오 미따라, 파라다이스다또 이우데쇼 - .

우리들은 모두 이런 자유로운 세상에서 지낼 수 있는 것에 항상 감사하지 않으면 안 됩니다.

私たちは、みんなこういう自由な世の中で暮らせることに常に感謝しないといけないです。

와따시타찌와, 민나 코 - 유 지유 - 나 요노 나까데 쿠라세루 코또니 츠네니 칸샤 시나이또 이께나이데스.

あの頃は 나도 알고 상대방도 아는 〈그 시절〉를 말하지만, その頃는 나는 알지만, 상대방은 모르는 〈그 시절〉 아니면 상대방은 알지만, 나는 모르는 〈그 시절〉을 얘기할 때 쓰입니다.

예문)

이 노래는 그 시절 자주 불렀던 노래이기 때문에 그리워요.

この歌はあの頃よく歌っていた歌なので懐かしいです。

그 시절에는 인생을 즐길 수 있는 여유도 없는 채 매일매일 필사적이었어요.

その頃は人生を楽しむ余裕もないまま毎日毎日必死でした。

〈명사 + による〉는 〈~~에 의한, ~~에 따른〉이고, 〈명사 + によって〉는 〈~~에 의해서, ~~에 따라서〉입니다.

예문)

이번에는 다행히도 지진에 의한 피해는 없었어요.

今回は幸いにも地震による被害はなかったんです。

수술에 의해서 생기는 부작용은 사람에 따라서 다릅니다.

手術によって生じる副作用は人によって違います。

着るら는 〈(옷)을 입다〉라는 타동사이고, 着せる는 〈(옷)을 입히다〉라는 타동사입니다. 被る는 〈(모자)를 쓰다〉라는 타동사이고, 被せる는 〈(모자)를 씌우다〉라는 타동사입니다. 그런데 着せる의 수동 표현인 着せられる(입힘을 당하게 하다)를 이용한 濡衣を着せられる는 〈누명을 쓰다〉라는 뜻으로 회화에서 자주 쓰입니다. 또한 비슷한 단어로 被せる는 〈(죄)를 뒤집어 씌우다〉라는 뜻으로 쓰이는데, 예문을 통해 자세히 알아봅시다.

예문)

양복을 입으면 멋있게 보이지만, 움직이기 힘들기 때문에(불편하기 때문에)

기능성이 높은 양복을 만들고 싶습니다.

スーツを着たら格好よくは見えるんだけど、動きにくいので機能性の高いスーツを作りたいです。

오늘은 조카딸의 피아노 발표회가 있어서 제가 만든 드레스를 입혀서 보냈습니다.

今日はめいのピアノ発表会があるので、私が作ったドレスを着せて行かせました。

어제 파마를 했는데 뭣 때문에 모자를 쓰고 있습니까?

昨日パーマをかけたのに何で帽子を被っていますか。

아이의 앞머리가 짧아서 모자를 씌워보았습니다.

子供の前髪が短いので帽子を被せて見ました。

그는 자신이 지은 죄를 타인에게 씌우고 도망가려고 했습니다.

彼は自分が犯した罪を他人に被せて逃げようとしたんです。

누군가에게 누명을 당하는 사람들의 공통점은 오해될 만한 말버릇이 있다는 점입니다.

誰かに濡衣を着せられてしまう人たちの共通点は誤解されるような言い方をするということです。

続けるる는 〈~~을 계속하다〉라는 타동사이고, 続く는 〈~~이 계속되다〉라는 자동사입니다. 참고로 문장 앞에 続いて를 써서 행사의 진행에서 〈이어서〉라는 표현으로 쓰입니다.

예문)

아무리 재미있어도 드라마를 몇 시간이나 연속해서 보면 눈이 피곤해져요.

いくら面白くてもドラマを何時間も続けて見ると目が疲れます。

스트레스가 쌓이면 담배를 연달아 펴서 몸에 나쁩니다.

ストレスがたまるとタバコを続けて吸ってしまうので身体に悪いです。

매일 운동을 계속하고 있습니다만 야식을 먹으니까 의미가 없어요.

毎日運動を続けているんですが夜食を食べるから意味がないんです。

이대로 매일 아침 계속 달리면 결혼식에서 꼭 예쁜 웨딩드레스를 입을 수 있을 거예요.

このまま毎朝走り続けたら結婚式で綺麗なウェディングドレスが着れるはずです。

일주일에 같은 사건이 세 번이나 이어지고 있어서 걱정됩니다.

1 週間に同じ事件が３回も続いているので心配です。

지금도 여진이 계속되어 있어서 정말 무섭습니다.

今も余震が続いていて本当に怖いです。

오늘 같은 날씨가 쭉 계속되면 좋을 텐데.

今日のような天気がずっと続けばいいのに。

계속해서 신랑의 친구로부터 축하의 말씀이 있겠습니다.

続いて、新郎の友人からお祝いの言葉をいただきます。

〈~~が経つ〉는 자동사로서 시간이 〈지나다〉라는 뜻으로만 쓰이지만, 〈~~を過ぎる〉는 타동사로서 시간을 〈넘기다〉라는 뜻으로 쓰입니다.

예문)

지금은 힘들지만, 시간이 지나면 이것도 또 추억이 될 거예요.

今は辛いけど時間が経つとこれもまた思い出になるでしょう。

우리 회사는 9시를 지나면(넘기면) 잔업수당이 나옵니다.

うちの会社は夜9時を過ぎると残業手当が出ます。

버스 출발 시간은 아침 7시입니다. 아침 7시를 지나면(넘기면) 바로 출발하기 때문에 지각하지 말아주세요.

バスの出発時間は朝7時です。朝7時を過ぎたらすぐ出発するので遅刻しないでください。

40대를 지나면(넘기면) 노화에 대해서 생각하게 됩니다.

40代を過ぎたら老化について考えるようになります。

終わるは〈~~이 끝나다〉라는 자동사이고, 〈~~을 끝내다〉라는 타동사에는 終わらせる와 終える가 있는데, 終わらせる는 의지와 열정를 가지고, 끝낸다는 의미가 있지만, 終える는 일정 시간이 흐르면 자연히 끝나게 되는 상황에서 쓰이는 표현이라고 할 수 있습니다.

예문)

영화가 아직 끝나지 않았는데도 영화관에서 나가는 것은 이해할 수 없네요.

映画がまだ終わっていないのに映画館から出て行くのは理解出来ないですね。

일이 끝나지 않았는데 먼저 돌아가는 것은 있을 수 없는 일이에요.

仕事が終わってないのに先に帰るのはありえないです。

빨리 일을 끝내고 차가운 맥주라도 마시고 싶어요.

早く仕事を終わらせて冷たいビールでも飲みたいです。

아들이 학업을 끝내고 미국으로부터 귀국했습니다.

息子が学業を終えてアメリカから帰国しました。

わけではないけどは〈꼭 ～～인 것은 아니지만〉이라는 뜻으로
〈わけ〉가 있기 때문에 부분 부정의 의미로 쓰이지만, 〈わけ〉가
없다면 완전 부정의 문장이 됩니다. 회화에서는 わけじゃない
けど라고 쓰기도 합니다.

예문)

이 영화는 액션도 스토리도 꼭 대단한 것은 아니었지만 감동적이었다.

この映画はアクションもストーリーもすごいわけではないけど、
感動的だった。

그 사람이 꼭 싫지는 않지만 좋지도 않기 때문에 있어도 없어도 그다지 신경 안 씁니다.

彼が嫌いなわけじゃないけど、好きでもないから、いてもいなくても あまり気にならないです。

그녀는 한국인이 아닌데, 분명히 한국인의 얼굴을 하고 있네요.

彼女は韓国人ではないけど、確かに韓国人みたいな顔だちをして いますね。

暮らす 어떤 사람과 아니면 어떤 장소에서 생활을 함께하며 같 이 살면서 〈지내다〉라는 뜻으로 쓰이고, 過ごす 누군가와 주말 이나 휴일 아니면 시간을 내서 함께 즐거운 시간을 〈보내다〉라 는 뜻으로 쓰이며, 送る는 좀 더 추상적이고, 감상적이며, 큰 의 미에서 어떤 삶이나 인생 아니면 생활을 〈보내다〉라는 의미로 많이 쓰입니다. 또한 누군가에게 물건을 〈보내다〉라는 의미로 도 쓰입니다.

예문)

해외에서 보내는 시간이 길었기 때문에 고향 친구들이 적어졌습니다.

海外で暮らす時間が長かったので、地元の友だちが少なくなりまし た。

우리 집은 가족 4명이서 시골에서 농업을 하면서 즐겁게 지내고 있습니다.

うちは家族４人で田舎で農業をしながら楽しく暮らしています。

어렸을 때는 부모하고 보내는 시간이 무엇보다 소중합니다.

子どもの時は親と過ごす時間が何より大切なんです。

너랑 보냈던 나날은 결코 잊지 못할 거라고 생각한다.

君と過ごした日々はいつになっても忘れられないと思うよ。

남자친구랑 콘서트를 보러 가고 나서 레스토랑에서 식사도 하고 즐거운 시간을 보냈습니다.

彼氏とコンサートを見に行ってから、レストランで食事もして、楽しい時間を過ごしました。

올해의 여름은 쾌적하게 지내기 위해서 에어컨을 주문했습니다.

今年の夏は快適に過ごすためにエアコンを注文しました。

나는 3년간의 투병 생활을 끝내고, 지금은 규칙 바른 생활을 보내고 있습니다.

私は3年間の闘病生活を終えて、今は規則正しい生活を送っています。

병역 중인 남자친구한테 항상 과자나 편지를 보내줬어요.

兵役中の彼氏によくお菓子や手紙を送ってあげました。

회사에 돌아가는 대로 메일을 보내드리겠습니다.

会社に戻り次第メールを送らせていただきます。

宝くじ当選
복권 당첨

최근 경제적으로 힘들어서인지 복권을 사는 사람이 늘어나고 있는 것 같습니다.

最近経済的に大変だからなのか、宝くじを買う人が増えているようです。

사이낑 케 – 쟈이떼끼니 타이헨 다까라나노카, 타까라꾸지오 카우 히또가 후에떼 이루 요 – 데스.

1등 복권이 당첨된 가게 앞에는 하루 종일 복권을 사러 온 사람들이 줄을 서 있습니다.

一等の宝くじが当たったお店の前には、一日中宝くじを買いに来た人たちが並んでいます。

잇또 – 노 타까라꾸지가 아땃따 오미세노 마에니와, 이찌니찌쥬 – 타까라꾸지오 카이니 키따 히또타찌가 나란데 이마스.

하지만 1등 복권에 당첨될 확률은 거의 제로에 가깝지 않을까요?

しかし、一等の宝くじに当たる確率はほぼゼロに近いんじゃないでしょうか。

시까시, 잇또 – 노 타까라꾸지니 아따루 카꾸리쯔와 호보 제로니 치까인쟈나이데쇼 – 까.

아버지도 20년 동안 매주 복권을 샀습니다만, 1등에 당첨된 적이 한 번도 없습니다.

父も２０年間 毎 週 宝くじを買ったんですが、一等に当たったことが一回もないんです。

치찌모 니쥬－넹깐 마이슈－ 타까라꾸지오 캇딴데스가, 잇또－니 아땃따 코또가 잇까이모 나인데스.

그러면 예를 들어 20년 동안 1주일에 한 번씩 5,000원짜리 복권을 샀다고 하면 총 얼마가 될까요?

それなら、例えば２０年間一週間に一回5000ウォンの宝くじを買ったとしたら総額いくらになるんでしょうか。

소레나라, 타또에바 니쥬－넹깐 잇슈－깐니 잇까이 고셍원노 타까라꾸지오 캇따또 시따라 소－가꾸 이꾸라니 나룬데쇼－까.

365 나누기 7은 대략 52니까 1년을 52주로 하고, 52주 곱하기 20년은 1040이고, 1040 곱하기 5000원은 5,200,000원이 되네요.

３ ６ ５ 割る7はだいたい５２なので、一年を５２週とし て、５２週かける２０年は１０４０で、１０４０かける5000ウォンは ５ ２ ０ 万ウォンになりますね。

산뱌꾸 로꾸쥬－고 와루 나나와 다이따이 고쥬－니 나노데, 이찌넹오 고쥬－니 슈－ 또시떼, 고쥬－니 슈－ 카께루 니쥬－넹와 센온쥬－데, 센온쥬－ 카께루 고셍원와 고햐꾸 니쥬－망원니 나리마스네.

차라리 매주 5,000원씩 저금을 했다면 5,200,000원을 손에 넣을 수 있었을 텐데.

いっそのこと毎週5000ウォンずつ貯金していたら、５ ２ ０ 万ウォ

ンを手に入れられたのにね。

잇소노 코또 마이슈 - 고셍원 즈쯔 쵸낑시떼 이따라, 고하꾸 니쥬 - 망월오 테니 이레라레따노
니네.

사실은 아버지에게 이 얘기를 했습니다만, 아버지는 반드시 1등에 당첨되기
위해서 복권을 사기보다는 복권을 사면 "1등에 당첨되면 뭘할까?"라고 일주일
동안 두근거리면서 즐거운 상상을 할 수 있으니까 사고 있다고 말했습니다.

実は父にこの話をしましたが、父は必ず一等を当てるために宝くじ
を買うというよりは、宝くじを買ったら、「もし一等に当たったら何を
しようかなぁ?」と一週間ワクワクしながら、楽しい想像ができるから
買っていると言いました。

지쯔와 치치니 코노 하나시오 시마시따가, 치치와 카나라즈 잇또 - 오 아떼루 타메니 타까라꾸지
오 카우또이우 요리와, 타까라꾸지오 캇따라, 〈모시 잇또 - 니 아땃따라 나니오 시요 - 까나 - ?〉
또 잇슈 - 깐 와꾸와꾸시나가라, 타노시 - 소 - 죠 - 가 데끼루까라 캇떼 이루또 이 - 마시따.

5,000원을 지불하고 일주일 동안 즐거운 상상을 할 수 있다면 5,000원 정도
는 싼 느낌이 듭니다.

5000ウォンを払って一週間楽しい想像ができるなら、5000ウォンぐ
らいは安い気がします。

고셍웡오 하랏떼 잇슈 - 깐 타노시 - 소 - 죠 - 가 데끼루나라, 고셍원 구라이와 야스이 키가 시
마스.

〈~~라서 인지〉의 접속 방법은 〈형용사 + からなのか〉, 〈동사 + からなのか〉, 〈명사 + だからなのか〉, 〈형용동사 + だからなのか〉로 정리할 수 있습니다.

예문)

요즘 그는 외로워서인지 자주 소개팅에 나가는 것 같아요.

<ruby>最<rt>さい</rt></ruby><ruby>近<rt>きん</rt></ruby><ruby>彼<rt>かれ</rt></ruby>は<ruby>寂<rt>さび</rt></ruby>しいからなのか、しょっちゅう<ruby>合<rt>こう</rt></ruby>コンに行っているようです。

그는 꼼꼼해서인지 이미 확인했는데도 또 재확인을 하고 있습니다.

<ruby>彼<rt>かれ</rt></ruby>は<ruby>几帳面<rt>きちょうめん</rt></ruby>だからなのか、<ruby>既<rt>すで</rt></ruby>に<ruby>確認<rt>かくにん</rt></ruby>したのにまた<ruby>再確認<rt>さいかくにん</rt></ruby>をしています。

일이 끝나고 나서 항상 한잔 마셔서인지 안 마시면 뭔가 부족한 것 같아요.

<ruby>仕事<rt>しごと</rt></ruby>が<ruby>終<rt>お</rt></ruby>わってから、いつも<ruby>一杯<rt>いっぱい</rt></ruby><ruby>飲<rt>の</rt></ruby>んでいるからなのか、<ruby>飲<rt>の</rt></ruby>まないと<ruby>物足<rt>ものた</rt></ruby>りないんです。

선배는 교사라서 그런지 개인적으로도 상담하는 사람이 많다.

先輩は教師だからなのか、プライベートでも相談する人が多い。

当たるは〈(예상)이 맞다, 당첨되다〉라는 뜻의 자동사이고, 当てるは〈(예상)을 맞추다, 명중시키다〉라는 뜻의 타동사입니다.

예문)

어제 축구시합에서 내 예상이 맞아서 친구가 치킨을 사줬어요,

昨日のサッカーの試合で私の予想が当たったので友だちがチキンをおごってくれたんです。

일억 엔이 당첨되면 뭘 하고 싶어요?

一億円に当たったら何がしたいですか。

이 돌을 던져서 저 공을 맞추면 내가 1,000엔 줄게.

この石を投げてあのボールを当てたら私が1000円をあげるよ。

미래에 어떤 사건이 일어날지 맞출 수 있는 능력을 가지고 있는 사람을 예언가라고 합니다.

未来にどんな事件が起こるか当てられる能力を持っている人を
預言者と言います。

문장 끝에 〈ん〉이 오는 경우가 많은데, 보통 감정이 이입되거나

격식없이 편하게 얘가할 때 〈ん〉을 넣습니다. 또한 짧은 문장에

〈ん〉을 넣는 경우가 많습니다.

예문)

올해보다 작년 쪽이 중국인 관광객이 많았어요. 〈감정 이입이 안 된 경우〉

今年より昨年の方が中国人観光客が多かったです。

이 영화는 실화로 만들어져서 감동적인 신이 많았어요. 〈감정 이입이 된 경우〉

この映画は実話で作られたので感動的なシーンが多かったんです。

무슨 소리하고 있는 거야. 다나카는 3년 전에 결혼했잖아.

何を言っているの。田中は3年前結婚したんだよ。

〈5단 동사의 어미를 い단으로 변경 + に 접속〉, 〈1단 동사의 어미る 제거 + に 접속〉, 〈불규칙 동사 する는 しに〉, 〈불규칙 동사 来る는 쓰지 않습니다〉

예문)

매일 바쁘지만 유럽에 놀러 가기 위해서 일을 열심히 하고 있어요.

毎日忙しいですが、ヨーロッパに遊びに行くために仕事を頑張っています。

바로셀로나 공항에는 돈을 벌러 온 외국인 노동자가 많았어요.

バルセロナ空港にはお金を稼ぎに来た外国人労働者が多かったです。

쓰레기를 버리러 밖으로 나왔는데, 오늘은 쓰레기 내는 날이 아니었습니다.

ゴミを捨てに外に出たけど、今日はゴミを出す日じゃなかったんです。

축구를 하러 운동장에 갔는데, 물웅덩이투성이였기 때문에 그대로 집에 돌아왔습니다.

サッカーをしに運動場に行ったけど、水溜まりだらけだったので、そのまま家に帰りました。

大体는 〈대체로〉, 〈대략〉이라는 뜻으로 쓰이며, 특히 〈대략〉이라는 의미로 쓰일 때는 뒤에 시간, 거리를 나타내는 숫자가 오는 경우가 많습니다. 大抵는 〈대체로〉라는 뜻으로 〈대략〉이라는 뜻으로는 쓰이지 않습니다.

예문)

시합에서 졌을 경우 대체로 감독이 책임을 집니다.

試合で負けた場合は大体監督が責任を取るんです。

대략 3개월 정도의 치료로 완치합니다.

大体3ヶ月ぐらいの治療で完治します。

6월이 되면 런던은 대체로 저녁 10시까지 날이 밝아요.

6月になるとロンドンは大抵夜10時ぐらいまで明るいんです。

貯金していたら는 〈과거부터 계속 저금을 하면〉이라는 진행의 뜻을 가지고 있고, 貯金したら는 〈지금부터 저금을 하면〉이라는 뜻으로 쓰입니다.

예문)

이제부터 저금하면 내년에는 유럽여행에 갈 수 있을 거예요.

今から貯金したら来年にはヨーロッパ旅行に行けるはずです。

のにの 접속 방법은 〈동사의 현재형, 과거형, 진행형 + のに〉,

〈형용사의 형재형, 과거형 + のに〉, 〈형용동사의 현재형, 과거형

+ のに〉, 〈명사의 현재형, 과거형 + のに〉

예문)

결혼하고 아이까지 있는데도 옛날 여자 친구를 잊지 못한다는 것은 납득할 수
없습니다.

結婚して子供までいるのに昔の彼女のことを忘れられないのは
納得できません。

어제는 세일해서 쌌는데 사러 갈 시간이 없어서 아쉬웠어요.

昨日はセールで安かったのに買いに行く時間がなくて残念でした。

이사하기 전에는 역 앞이라서 편리했지만 지금은 멀어져서 불편하네요.

引っ越しする前は駅前で便利だったのに今は遠くなって不変です
ね。

누가봐도 어린이었는데 고등학생이 되자마자 어른스러워졌어요.

だれが見ても子供だったのに高校生になった途端大人ぽくなりました。

是非, きっと, 必ずは 모두 사전에 〈꼭, 반드시〉라는 뜻으로 나와 있지만, 是非 뒤에는 보통 〈~~てください, お願いします〉와 같은 부탁의 표현이 많이 나오고, きっと 뒤에는 〈でしょう, だろう, と思います〉와 같은 추측의 표현들이 많이 옵니다. 그 이외에는 必ずを 쓰면 됩니다.

예문)

다음 여행도 꼭 저희 회사를 이용해주십시오.

次回の旅行も是非うちの会社をご利用ください。

이대로라면 내년에는 꼭 본사에서 근무를 할 수 있게 될 거예요.

このままだと来年はきっと本社勤務になるでしょう。

무슨 일이 있어도 올해 중에 반드시 일급을 따겠습니다.

何があっても今年中に必ず一級をとります。

一等는 추첨이나 복권 그리고 교통 수단의 일등칸에도 쓰이며,
一位는 학교 성적이나 영업실적의 순위에서도 쓰이며, 一番는
〈제일〉이라는 부사로 쓰이며 또한 숫자를 나타내는 〈1번〉으로
도 쓰입니다.

예문)

일등에 당첨된 분은 앞에 나와주세요.

一等に当たった方は前に来てください。

장거리 이동이기 때문에 일등칸을 예약하는 편이 편하다고 생각해요.

長距離の移動だから一等車を予約した方が楽だと思います。

고등학교까지는 반에서 성적이 1위였어요.

高校まではクラスで成績が一位でした。

다음 달부터 영업실적 1위인 직원한테는 특별 보너스가 지불됩니다.

来月から営業実績一位の社員には特別ボーナスが支給されます。

이 가게에서 제일 인기가 있는 상품을 주세요.

この店で一番人気がある商品をください。

인생에서 제일 중요한 것은 후회하지 않는 것입니다.

人生で一番大切なことは後悔しないことです。

1번 출구로 와주세요.

一番出口に来てください。

支払うは 水道代, 電気代, ガス代, 税金, 健康保険料, 賠償金, 養育費, 入院費, 更新料等と같이 세금이라든가 나라에서 요구하는 금액을 지불할 때 쓰이고, 또한 정중한 표현입니다. 払うは 支払うに 비해서는 좀 가벼운 느낌의 지불 예를 들면 食事代, お金, デート代등에 쓰입니다. 또한 払うと〈지불하다〉 이외에 犠牲を払う(희생을 치르다), 注意を払う(주의를 기울이다) 등과 같은 숙어로도 쓰입니다. 참고로 先払いと 선불입니다.

예문)

면세품도 신용카드로 지불 가능한가요?

免税品もクレジットカードで支払いできますか。

마카오의 호텔에서는 체크인할 때 보증금을 지불해야 합니다.

マカオのホテルではチェックインの時(とき)に保証金(ほしょうきん)を支払(しはら)わなければ

ならないんです。

데이트를 하면 식사비용은 어느 쪽이 지불해요?

デートをしたら食事代(しょくじだい)はどっちが払(はら)うんですか。

전쟁에서 희생을 치른 분들의 명복을 빕니다.

戦争(せんそう)で犠牲(ぎせい)を払(はら)った方々(かたがた)のご冥福(めいふく)をお祈(いの)りします。

파리에서는 스마트폰 도난 사건이 많이 발생하니까 주의를 기울여주세요.

パリではスマホの盗難事件(とうなんじけん)が多発(たはつ)しているので注意(ちゅうい)を払(はら)ってくださ

い。

계산은 선불로 부탁합니다.

お会計(かいけい)は先払(さきばら)いでお願(ねが)いします。

性格を変えること
성격 바꾸기

8과 본문

일반적으로 사람들은 평생 자신의 성격을 바꿀 수 없다고 합니다.

一般的に人たちは一生自分の性格を変られないと言います。

잇빤떼끼니 히또타찌와 잇쇼 - 지분노 세 - 까꾸오 카에라레나이또 이 - 마스.

그 이유는 스스로 반성을 그다지 하지 않기 때문입니다.

その理由は自ら反省をあまりしないからです。

소노 리유 - 와 미즈까라 한세 - 오 아마리 시나이까라데스.

그렇게 하면 인간관계에서도 자주 문제가 일어납니다.

そうすると人間関係にもよく問題がおきます。

소 - 스루또 닝겐 캉께 - 니모 요꾸 몬다이가 오끼마스.

자신의 성격과 맞지 않는 사람을 이해하려고 하기보다는 관계를 끊으려고 합니다.

自分の性格と合わない人を理解しようとするよりは、関係を断とうと

します。

지분노 세 – 까꾸또 아와나이 히또오 리까이 시요 – 또 스루요리와, 캉께 – 오 타또 – 또 시마스.

그렇게 해놓으면서 관계를 끊을 수밖에 없는 이유를 전부 상대방 탓으로 합니다.

そうしておきながら、関係を断つしかない理由を全部相手のせいに

します。

소 – 시떼 오끼나가라, 캉께 – 오 타쯔 시까나이 리유 – 오 젠부 아이떼노 세 – 니 시마스.

그렇지만 모든 것은 쌍방에 과실이 있고, 한쪽만의 절대적인 잘못이라는 것은 없습니다.

しかし、全てのことは双方に過失があって、片方だけの絶対的な間違いなんてありません。

시까시, 스베떼노 코또와 소 – 호 – 니 카시쯔가 앗떼, 카따호 – 다께노 젯따이떼끼나 마찌가이 난떼 아리마셍.

스스로 반성은 거의 안 하고, 상대방의 생각을 바꾸려고 했지만, 그것이 생각대로 안 되면 결국 관계를 끊는 경우가 많습니다.

自ら反省はほとんどしないで、相手の考えをかえようとしたけれども、それが思い通りにいかないと結局関係を断つ場合が多いです。

미즈까라 한세이 – 와 호똔도 시나이데, 아이떼노 캉가에오 카에요 – 또 시따케레도모, 소레가 오모이 도 – 리니 이까나이또 켓꾜꾸 캉께 – 오 타쯔 바아이가 오 – 이데스.

상대방의 생각이나 성격을 바꾸기보다 자기자신의 생각을 바꾸고, 더 배려하고 이해를 해주면 신기하게도 상대방의 태도도 좋아집니다.

相手の考えや性格をかえるより、自分自身の考えをかえて、もっと

配慮して、理解してあげれば、不思議なことに相手の態度もよくなってきます。

아이떼노 캉가에야 세 – 까꾸오 카에루 요리, 지분 지신노 캉가에오 카에떼, 못또 하이료시떼, 리까이시떼 아게레바, 후시기나 코또니 아이떼노 타이도모 요꾸 낫떼 키마스.

言う 단답형의 대답을 〈말하다〉라는 뜻이며, 話す는 두 사람이 서로 대화를 주고받으면서 〈이야기하다〉라는 뜻이고, しゃべる는 〈(그다지 중요하지 않은) 잡담을 하다〉라는 뜻이고, 語る 혼자서 일방적으로 긴 〈이야기를 하다〉라는 뜻이며, 述べる는 법정 등에서 〈진술하다〉라는 뜻입니다.

예문)

대답은 예스와 노로 대답해주세요.

答えはイェスとノで言ってください。

이시다 씨와 3시간 정도 이야기하고 나서 겨우 그녀의 심정을 알게 되었습니다.

石田さんと三時間ぐらい話してからやっと彼女の心情が分かるようになりました。

스페인 친구는 술을 천천히 마시면서 잡담을 하는 것을 아주 좋아해요.

スペイン人の友だちはお酒をゆっくり飲みながらしゃべるのが大好きです。

할머니는 옛날이야기를 하시면서 눈물을 흘렸습니다.

おばあちゃんは昔の話を語りながら涙を流しました。

여기에서 진술하는 것은 전부 기록에 남으니까 신중하게 부탁드립니다.

ここで述べることは全部記録に残るので慎重にお願いいたします。

〈~~라고 합니다〉라는 표현에는 〈명사 + だそうです゜(~~라고 합니다)〉, 〈명사 + だと言われています゜(~~라고 〈많은 사람들로부터〉 말이 되어지고 있습니다.)〉, 〈명사 + だと聞きます゜(~~라고 듣습니다.)〉가 있는데, 그냥 직역보다는 의역으로 〈~~라고 합니다〉라고 공통적으로 해석합니다.

예문)

부장님의 자녀분은 쌍둥이라고 합니다.

部長のお子さんは双子だそうです。

이 분야에 있어서 우치다 선생님의 수술은 신의 영역이라고 합니다.

この分野において内田先生の手術は神の領域だと言われています。

올해 해외 여행지 1위는 일본이라고 합니다.

今年の海外旅行の行き先一位は日本だと聞いたんです。

から(~~때문에)는 비교적 친한 사람에게 쓰는 편한 표현이고, 뜻이 같은 ので(~~때문에)는 비교적 정중한 표현입니다. 참고로 から는 서술형으로 문장 끝에서 〈~~からです〉로 쓰이지만, ので는 〈~~のでです〉라고 쓰지 않습니다.

예문)

네가 잘못했으니까 알려주고 싶을 뿐이야.

君が間違っているから教えてあげたいだけだよ。

다음 달에 시험이 있기 때문에 이것을 다 외워야 합니다.

来月試験があるから、これを全部覚えなければならないんです。

인터넷에서 주문한 옷이 조금 작기 때문에 큰 사이즈로 교환할 생각입니다.

インターネットで注文した服がちょっと小さいので、大きいサイズに交換するつもりです。

내가 대학에 들어가고 싶지 않은 이유는 대학을 졸업해도 취직이 안 되기 때문입니다.

私が大学に行きたくない理由は大学を卒業しても就職ができないからです。

起きるは 자다가 〈일어나다〉라는 뜻으로 가장 많이 쓰이지만, 간혹, 드물게 지진이나 전쟁이 〈일어나다〉라고 쓰일 때도 있고, 起こるは 자다가 〈일어나다〉라고는 쓰이지 않고, 전쟁이나 지진이 〈일어나다〉로 쓰입니다. 起こすは 타동사로 사고, 전쟁 등 사건을 〈일으키다〉라는 뜻으로 쓰이며, 누워 있는 환자나 잠자는 사람을 〈깨우다〉라는 뜻으로 쓰일 때도 있습니다. 立つは 자지 않은 상태에서 누워 있거나 앉아 있을 때 〈일어나다〉라는 뜻으로 쓰입니다.

예문)

아침에 일어나서 바로 애인에게 문자를 보내는 것이 제 일과입니다.

朝起きてすぐ恋人にメッセージを送るのが私の日課です。

지난주 오사카에서 일어난 지진은 진도 6이었어요.

先週大阪で起こった地震は震度6でした。

전쟁이 일어나지 않도록 정상회담에서 확실하게 정해줬으면 좋겠어요.

戦争が起こらないように首脳会談でしっかり決めてほしいです。

음주운전으로 사고를 일으키는 사람은 정말 무책임하다고 생각합니다.

飲酒運転で事故を起こす人は本当に無責任だと思います。

〈아이를 깨우다〉

아침은 아이를 깨우고 나서 밥을 먹이고 유치원에 보내야 해서 힘듭니다.

朝は子どもを起こしてから、ご飯を食べさせて、幼稚園に行かせなければならないので大変です。

〈환자를 일으키다〉

이 환자분은 허리 수술을 해서 천천히 일으키도록 하세요.

この患者さんは腰の手術をしたので、ゆっくり起こすようにしてください。

우리회사는 상사가 부르면 옆자리라도 일어나서 말씀을 들어야 해요.

うちの会社は上司に呼ばれると隣の席でも立ってお話しを聞かな

けれはならないんです。

間違(まちが)いは不注意による〈잘못, 실수〉라는 뜻이 강하지만, 過(あやま)ちは 도덕적인 〈잘못〉을 뜻한다고 볼 수 있습니다. 또한 間違(まちが)う는 〈실수하다〉라는 뜻이지만, 違(ちが)う는 〈다르다〉라는 뜻으로 비슷하게 생겼지만, 전혀 다른 뜻입니다.

예문)

최근 실수로 걸려온 전화가 많아서 짜증이 납니다.

最(さい)近(きん)間(ま)違(ちが)い電話(でんわ)が多(おお)くてイライラします。

한 번의 실수로 지금까지의 노력이 물거품으로 되어버렸어요.

一(いっ)回(かい)の間(ま)違(ちが)いで今(いま)までの努(ど)力(りょく)が水(みず)の泡(あわ)になってしまったんです。

그는 과거에 저지른 잘못으로 자책감에 사로잡혀 있습니다.

彼(かれ)は過(か)去(こ)に犯(おか)した過(あやま)ちで自(じ)責(せき)の念(ねん)に駆(か)られています。

외국인과의 프리토킹에서는 실수해도 되니까 적극적으로 말하는 것이 제일 좋습니다.

外(がい)国(こく)人(じん)とのフリートークでは間(ま)違(ちが)ってもいいから積(せっ)極(きょく)的(てき)に話(はな)すことが一(いち)番(ばん)いいです。

의견이 있는 분은 자료를 모아서 다음 회의에서 발표해 주세요.

意見がある方は資料を集めて次の会議で発表してください。

あげる는 〈내가 남에게 주다〉, 〈남이 또 다른 남에게 주다〉라는 뜻이고, くれる는 〈남이 나에게 주다〉라는 뜻이고, もらう는 〈남으로부터 받다〉라는 뜻으로 〈~~から~~もらう〉, 〈~~に~~もらう〉의 형태로 쓰입니다.

예문)

이 영화 티켓은 내가 갈 시간이 없어서 친구한테 주었습니다.

この映画のチケットは私が行く時間がないから友だちにあげたんです。

남자친구는 내가 준 목걸이를 매일 걸고 있어요.

彼氏は私があげたネックレスを毎日つけています。

이 노트는 제 친구가 동급생한테 줬다고 하던데 왜 여기에 있어요?

このノートは私の友だちがクラスメートにあげたと言っていたんですけど何でここにあるんですか。

네가 나한테 준 메시지 카드는 지금도 소중하게 간직하고 있어.

君が僕にくれたメッセージカードは今でも大事に持っているよ。

이것은 어머니가 준 요리책을 보면서 만들었어요.

これは母が私にくれた料理本を見ながら作りました。

이 볼펜은 할아버지한테서 받은 거예요.

このボールペンはおじいちゃんからもらったものです。

주차권은 가게 사람한테 받아오세요.

駐車券はお店の人にもらって来てください。

もらうは〈남으로부터 받는 것〉을 뜻하며, くれる는〈나에게 주는 것〉을 뜻하지만, あげる는〈남에게 주는 것〉을 뜻합니다.

예문)

영국에서 온 친구한테서 받은 홍차가 맛있어서 나도 주문했어요.

イギリスから来た友だちにもらった紅茶が美味しくて私も注文しました。

오늘은 바쁜데 와주어서 고맙습니다.

今日は忙しいのに来てくれてありがとうございます。

이 시사회 티켓은 아무에게도 주지 말고 가족분이랑 보러 가세요.

この試写会のチケットは誰にもあげないでご家族で見に行ってください
ね。

09

サイクリング
자전거 타기

9과 본문

최근 매일 자전거를 타고 있습니다.

<ruby>最<rt>さい</rt></ruby><ruby>近<rt>きん</rt></ruby><ruby>毎<rt>まい</rt></ruby><ruby>日<rt>にち</rt></ruby><ruby>自<rt>じ</rt></ruby><ruby>転<rt>てん</rt></ruby><ruby>車<rt>しゃ</rt></ruby>に<ruby>乗<rt>の</rt></ruby>っています。

사이낑 마이니찌 지뗀샤니 놋떼 이마스.

10킬로미터 정도는 자전거로 이동해도 아무렇지도 않습니다.

10<ruby>キロ<rt>じゅっ</rt></ruby><ruby>位<rt>ぐらい</rt></ruby>は<ruby>自<rt>じ</rt></ruby><ruby>転<rt>てん</rt></ruby><ruby>車<rt>しゃ</rt></ruby>で<ruby>移<rt>い</rt></ruby><ruby>動<rt>どう</rt></ruby>しても<ruby>平<rt>へ</rt></ruby><ruby>気<rt>いき</rt></ruby>です。

쥿끼로 구라이와 지뗀샤데 이도－시떼모 헤－끼데스.

최근 자전거 전용 도로도 잘 만들어져 있어서, 전보다 자전거 타기가 쉬워졌습니다.

<ruby>最<rt>さい</rt></ruby><ruby>近<rt>きん</rt></ruby><ruby>自<rt>じ</rt></ruby><ruby>転<rt>てん</rt></ruby><ruby>車<rt>しゃ</rt></ruby><ruby>専<rt>せん</rt></ruby><ruby>用<rt>よう</rt></ruby><ruby>道<rt>どう</rt></ruby><ruby>路<rt>ろ</rt></ruby>もよくできていて、<ruby>前<rt>まえ</rt></ruby>より<ruby>自<rt>じ</rt></ruby><ruby>転<rt>てん</rt></ruby><ruby>車<rt>しゃ</rt></ruby>に<ruby>乗<rt>の</rt></ruby>りやすく

なりました。

사이낑 지뗀샤 센요－ 도－로모 요꾸 데끼떼 이떼, 마에요리 지뗀샤니 노리야스꾸 나리마시따.

자전거를 타면 운동도 되고, 에너지 절약도 할 수 있으니까 정말 좋네요.

自転車に乗れば運動にもなるし、エネルギーの節約もできるので、
本当にいいですね。

지뗀샤니 노레바 운도－니모 나루시, 에네루기－노 세쯔야꾸모 데끼루노데, 혼또－니 이－데
스네.

대도시에서는 자전거 쪽이 시내 버스보다 빨리 목적지에 도착할 때도 있기 때
문에 저는 최근 거의 버스를 타지 않습니다.

大都市では、自転車のほうが市内バスより速く目的地に到着する時
もあるので、私は最近ほとんどバスに乗らないです。

다이또시데와, 지뗀샤노 호－가 시나이 바스요리 하야꾸 모꾸떼끼찌니 토－짜꾸 스루 토끼모
아루노데, 와따시와 사이낑 호똔도 바스니 노라나이데스.

다만 비가 내릴 때는 자전거를 타기가 힘듭니다만, 그 이외에는 자전거는 여러
모로 장점이 많다고 생각합니다.

ただ、雨が降る時は自転車に乗るのが大変ですが、それ以外は
自転車はいろいろと長所が多いと思います。

타다, 아메가 후루 토끼와 지뗀샤니 노루노가 타이헨데스가, 소레 이가이와 지뗀샤와 이로이로
또 쵸－쇼가 오－이또 오모이마스.

제 경우, 보통 한 달에 쓰는 버스나 지하철 등의 교통비를 합하면 5만 원 정도
합니다.

私の場合、普通1ヶ月に使うバスや地下鉄などの交通費をあわせる
と5万ウォンぐらいします。

와따시노 바아이, 후쯔－ 잇까게쯔니 쯔까우 바스야 치까떼쯔 나도노 코－쯔－히오 아와세루
또 고망원 구라이 시마스.

그러면 20만 원짜리 자전거를 사면 4개월이면 본전을 뽑습니다.

そうすると20万ウォンの自転車を買ったら、4ヶ月で元がとれます。

소스루또 니쥬 – 망원노 지뗸샤오 캇따라, 용까게쯔데 모또가 토레마스.

4개월 이후는 매월 5만 원씩 벌 수 있고, 몸도 점점 건강해집니다.

4ヶ月以降は毎月5万ウォンずつ稼げるし、体もどんどん健康になります。

용까게쯔 이꼬 – 와 마이쯔끼 고망원 즈쯔 카세게루시, 카라다모 돈돈 켕꼬 – 니 나리마스.

다만 자전거 사고를 당할 가능성도 있으니까, 조심해서 타지 않으면 안 됩니다.

ただ、自転車事故にあう可能性もあるので、気をつけて走らなければなりません。

타다, 지뗸샤 지꼬니 아우 카노 – 세 – 모 아루노데, 키오 쯔께떼 하시라께레바 나리마셍.

제 개인적으로는 자전거를 타시는 분은 반드시 그 전에 운전을 배워야 한다고 생각합니다.

私 個人的には、自転車に乗られる方は必ずその前に運転を習うべきだと思います。

와따시 코진떼끼니와, 지뗸샤니 노라레루 카따와 카나라즈 소노 마에니 운뗑 – 오 나라우 베끼다또 오모이마스.

왜냐하면 운전을 배우고 나서 자전거를 타면 자동차와 보행자의 신호가 잘 이해되기 때문에, 사고가 일어날 확률이 상당히 낮아지기 때문입니다.

なぜなら、運転を習ってから自転車に乗れば、自動車と歩行者の信号がよく分かるので、事故がおきる確率がかなり低くなるからです。

나제나라, 운뗑-오 나랏떼까라 지뗀샤니 노레바, 지도-샤또 호꼬-샤노 싱고-가 요꾸 와까루노데, 지꼬가 오끼루 카꾸리쯔가 카나리 히꾸꾸 나루까라데스.

9과 문법

できる는 〈할 수 있다〉라는 뜻 이외에 〈생기다〉와 〈되다, 이루어지다〉라는 두 가지의 뜻이 더 있습니다. 그리고 비슷한 단어로 〈出来上がる〉가 있는데 뜻은 〈~~이 완성되다〉라는 뜻입니다.

예문)

여자 친구가 생기면 제일 가보고 싶은 곳은 어디예요?

彼女ができたら一番行ってみたいところはどこですか。

근처에서 기다리고 있을 테니까 출발 준비가 되면 전화 주세요.

近くで待っているので出発の準備ができたら電話してください。

원피스는 일주일 후에 완성되니까 당분간 기다려주세요.

ワンピースは一週間後に出来上がるので、しばらくお待ちください。

〈~~을 타다〉라는 뜻으로 〈に乗る〉가 있는데, 〈に乗る〉의 가정법에는 に乗れば, に乗ったら, に乗ると, に乗るなら. に乗るんだったら가 있습니다. に乗れば는 비교적 말하는 사람이 강한 확신을 가지고 말할 때 쓰이고, に乗ったら는 に乗れば보다는 부드러운 표현으로 자신의 생각이 틀릴 수도 있다는 마음으로 말할 때 쓰이고, に乗ると는 원인과 결과처럼 이렇게 하면 이렇게 된다는 인과관계를 설명할 때 쓰이고, に乗るなら와 に乗るんだったら는 둘 다 "만약"이라는 가정하에 〈(만약)~~를 한다면〉이라는 표현으로 약간 현실 가능성이 떨어지는 주제에 관해 얘기할 때 쓰이는데, に乗るなら는 비교적 정중한 표현이고, に乗るんだったら는 비교적 편한 사이에서 대화할 때 쓰입니다.

예문)

6시의 신칸센을 타면 오늘 중으로 도쿄에 도착해요.

6時の新幹線に乗れば今日中に東京に着くんです。

비즈니스석을 타면 기내서비스가 정말 훌륭합니다.

ビジネスクラスに乗ったら機内サービスが本当に素晴らしいです。

바르셀로나의 시내버스를 타면 세계유산부터 바다까지 전부 다 볼 수 있어요.

バルセロナの市内バスに乗ると世界遺産から海まで全部見ること

ができるんです。

장거리의 고속버스를 탄다면 화장실이 붙어 있는 버스를 추천합니다.

長距離の高速バスに乗るならトイレ付きのバスをおすすめします。

제주도에서 렌터카를 탄다고 하면 오픈카 쪽이 좋다고 생각합니다.

済州島でレンタカーに乗るんだったらオープンカーの方がいいと

思います。

最近은 〈최근〉이라는 뜻으로 쓰이고, この頃는 〈요즘〉이라는

뜻으로 쓰입니다.

거의 비슷하지만, 最近은 개인적인 내용에도 쓰이지만, 시사적

인 문장에도 많이 쓰이지만, この頃는 비교적 개인적이고, 일상

적인 문장에 많이 쓰입니다.

예문)

예전에는 운전을 싫어했지만, 최근에는 익숙해졌는지 운전하는 것을 좋아하게
돼서 자주 드라이브합니다.

昔は運転が嫌いでしたが、最近は慣れてきたのか運転するのが好
きになってよくドライブに行くんです。

최근 한국과 북한의 교류가 이전보다 활발해지고 있는 것 같습니다.

最近韓国と北朝鮮の交流が以前より盛んになっているようです。

나이를 먹은 탓인지 요즘은 고기보다 야채를 먹게 되었어요.

年を取ったせいか、この頃は肉より野菜を食べるようになりました。

ただ(단지, 그냥)과 비슷한 표현으로 但し(단)이 있습니다.

예문)

회사에서는 그냥 묵묵히 일만 하고 자기 자신의 감정은 나타내지 않도록 하고
있어요.

会社ではただ黙々と仕事をするだけで自分の感情は出さないよう
にしているんです。

이 회사는 보너스도 많고 회식도 별로 없어서 참 좋은 회사예요. 다만 인간관계가 복잡해서 스트레스가 쌓입니다.

この<ruby>会社<rt>かいしゃ</rt></ruby>はボーナスも<ruby>多<rt>おお</rt></ruby>いし、<ruby>会食<rt>かいしょく</rt></ruby>もあまりなくて<ruby>本当<rt>ほんとう</rt></ruby>にいい<ruby>会社<rt>かいしゃ</rt></ruby>です。ただし、<ruby>人間関係<rt>にんげんかんけい</rt></ruby>が<ruby>複雑<rt>ふくざつ</rt></ruby>でストレスがたまります。

〈많다〉라는 표현에는 <ruby>多<rt>おお</rt></ruby>い〈많다〉, たくさんある〈많이 있다〉, いっぱいある〈많이 있다〉가 있습니다. 참고로 たくさんある가 いっぱいある보다는 정중한 표현입니다.

예문)

저는 취미를 즐기고 싶어서 잔업이 많은 부서에는 가고 싶지 않아요.

<ruby>私<rt>わたし</rt></ruby>は<ruby>趣味<rt>しゅみ</rt></ruby>を<ruby>楽<rt>たの</rt></ruby>しみたいので、<ruby>残業<rt>ざんぎょう</rt></ruby>が<ruby>多<rt>おお</rt></ruby>い<ruby>部署<rt>ぶしょ</rt></ruby>には<ruby>行<rt>い</rt></ruby>きたくないんです。

곧 기말고사라서 외워야 할 단어가 많이 있습니다만, 전혀 머리에 안 들어와요.

まもなく<ruby>期末試験<rt>きまつしけん</rt></ruby>なので<ruby>覚<rt>おぼ</rt></ruby>えなければならない<ruby>単語<rt>たんご</rt></ruby>がたくさんありますが、<ruby>全然頭<rt>ぜんぜんあたま</rt></ruby>に<ruby>入<rt>はい</rt></ruby>って<ruby>来<rt>こ</rt></ruby>ないんです。

휴가는 짧은데도 하고 싶은 일은 많이 있어서 정말 난감해하고 있습니다.

<ruby>休<rt>やす</rt></ruby>みは<ruby>短<rt>みじか</rt></ruby>いのにやりたいことはいっぱいあって<ruby>本当<rt>ほんとう</rt></ruby>に<ruby>困<rt>こま</rt></ruby>っています。

〈(돈)을 벌다〉에 稼ぐ와 もうける가 있는데, 稼ぐ는 직원이나 종업원이 열심히 일을 해서 돈을 버는 것을 뜻하지만, もうける는 주식, 도박, 부동산으로 비교적 쉽게 돈을 버는 것에 쓰입니다. 또한 사장이나 회장이 돈을 버는 것도 もうける를 씁니다.

예문)

아이의 교육비를 벌기 위해서 참치 선을 타고 있어요.
子どもの教育費を稼ぐためにマグロ船に乗っているんです。

주식으로 쉽게 돈을 번 사람은 한 번에 실패하는 경우도 많아요.
株で簡単にお金を儲けた人は一気に失敗する場合も多いんです。

5동사와 1단 동사 그리고 불규칙 동사〈する, 来る〉의 존경 표현 접속 방법은 다음과 같습니다.
〈5단 동사의 어미를 あ단으로 변경 + れる 접속〉, 〈1단 동사의 어미る를 없앰 + られる 접속〉, 불규칙 동사〈する의 존경 표현은 される, 来る의 존경 표현은 来られる〉

예문)

집에서 이 음식을 만드신다고 하니 대단하시네요.

家でこの料理を作られるとはすごいですね。

크리스마스 파티니까 드레스를 입으시는 건 어떠세요?

クリスマスパーティーだからドレスを着られるのはいかがですか。

지금 이용하시고 있는 상품은 어떠세요?

いまご利用されている商品はいかがですか。

주말에 선배 부부가 오시니까 준비해야 합니다.

週末に先輩夫婦が来られるので準備しないといけないんです。

〈배우다〉라는 뜻으로 学ぶ, 習う, 教わる, 教えてもらう가 있는 데 学ぶ는 수학, 과학, 철학, 지리학, 역사학과 같은 학문을 배울 때 그리고 독학으로 배울 때도 쓰이는 표현이며, 習う는 피아노, 미술, 발레, 유도, 외국어 등 습관적으로 몸에 익히면서 배우는 것에 쓰이며, 教わる는 〈~~에게 가르침을 받다〉라는 뜻으로 가르쳐주는 사람에 대해 존경심을 표현하는 느낌이 있으며, 教えてもらう는 문장 속에 가르쳐주는 대상이 있고, 전화번호나 주

소를 가르쳐 받을 때도 쓰입니다.

예문)

수학은 기초부터 배우는 것이 제일 중요해요.

数学は基礎から学ぶことが一番大切ですね。

지리학을 열심히 배우고 있지만 사용할 기회가 없어서 아쉽네요.

地理学を一所懸命学んでいるけど使う機会がなくて残念です。

독학으로 심리학을 배우고 있습니다만, 남자 친구의 마음이 왠지 이해되는 느낌이 듭니다.

独学で心理学を学んでいますが、彼氏の気持ちがなんとなく分かる気がします。

따님은 영어 외에 무엇을 배우고 있어요?

娘さんは英語以外に何を習っていますか。

아이가 미술을 배우고 싶다고 해서 미술 학원에 다니기 시작했습니다만 한 달만에 그만뒀습니다.

子どもが美術を習いたいと言って美術学院に通い始めたんですが、一ヶ月でやめました。

선생님에게 서도를 배우고나서 훨씬 잘하게 됐어요.

先生に書道を教わってからずいぶん上手になって来ました。

목공 기술은 제대로 돈을 지불하고 숙련공에게 가르침을 받는 편이 좋습니다.

大工の技術はちゃんとお金を払って熟練工に教わっ方がいいです。

어제는 용기를 내서 선배님한테서 전화번호를 가르쳐받았습니다.

昨日は勇気を出して先輩に電話ばんごうを教えてもらいました。

친구가 와인을 맛있게 마시는 방법을 알려줬어요.

友だちにワインを美味しく飲む方法を教えてもらいました。

かなり(상당히, 꽤)와 비슷한 표현으로 相当(상당히)와 結構

(꽤)가 있는데, かなり가 가장 강도가 센 느낌이고, 다음 순으로

相当 그리고 마지막 순이 結構라고 할 수 있습니다.

예문)

결혼하고나서 상당히 살이 쪄버려서 이 원피스를 입을 수 없게 되었습니다.

結婚してからかなり太ってしまってこのワンピースが着られなくなり

ました。

이번 수학 문제는 상당히 어렵다고 하네요.

今回の数学の問題は相当難しいとのことです。

이것은 꽤 비싸보이는 목걸이네요.

これは結構高そうなネックレスですね。

10과 본문

예전에 저는 담배를 이틀에 한 갑 정도 피웠습니다.

い ぜん わたし　　　　　　　　　　　　 ふ つ か　ひ と は こ　　　 す
以前私はたばこを2日に一箱ぐらい吸っていました。

이젠 와따시와 타바꼬오 후쯔까니 히또하꼬 구라이 슷떼 이마시따.

담배를 피우면, 항상 기력이 없고, 입에서 가래가 나오기도 하고, 출혈이 있기
도 했습니다.

　　　　　　す　　　　　　　　　　　 き りょく　　　　　　く ち　　 たん　 で　　しゅっけつ
たばこを吸っていると、いつも気力がなくて口から痰が出たり出 血

があったりしました。

타바꼬오 슷떼 이루또, 이쯔모 키료꾸가 나꾸떼 쿠찌까라 탕가 데따리 슛께쯔가 앗따리 시마시따.

그런데도 담배를 끊으려고 생각하고는 있었지만, 좀처럼 잘 되지 않았습니다.

　　　　　　　　　　　　　　　　 おも
それでも、たばこをやめようと思ってはいても、なかなかうまくいか

なかったです。

소레데모, 타바꼬오 야메요-또 오못떼와 이떼모, 나까나까 우마꾸 이까나깟따데스.

어느 정도는 담배를 피우는 횟수를 줄여서, 하루 3개비만 피우게 되었는데요.

ある程度はたばこを吸う回数を減らして、1日3本だけ吸うようになったんですが、

아루 테-도와 타바꼬오 스우 카이스-오 헤라시떼, 이찌니찌 산봉 다께 스우 요-니 낫딴데스가,

완전히 끊는 것은 진짜 힘들었습니다.

完全にやめるのは本当に大変だったんです。

칸젠니 야메루노와 혼또-니 타이헨닷딴데스.

끊었다해도 한 달 이상 이어지지 않았습니다.

やめたとしても1ヶ月以上続きませんでした。

야메따또 시떼모 잇까게즈 이죠- 츠즈끼마셍데스따.

그렇지만 지금은 담배를 끊었습니다.

しかし、今はたばこをやめました。

시까시, 이마와 타바꼬오 야메마시따.

해결책은 결혼이었습니다.

解決策は結婚でした。

카이께쯔사꾸와 켓꼰데시따.

결혼을 했더니 책임감이 강해지고, 내가 건강하지 않으면 건강한 아기가 태어날 수 없기 때문에, 정말 담배를 끊지 않으면 안 되겠다고 생각했습니다.

結婚したら責任感が強くなり、私が健康じゃないと元気な赤ちゃんが生まれないので、本当にたばこをやめなきゃいけないと思いました。

켓꼰시따라 세끼닝깡가 쯔요꾸나리, 와따시가 켕꼬 - 쟈나이또 겡끼나 아까짱가 우마레나이노데, 혼또 - 니 타바꼬오 야메나꺄 이께나이또 오모이마시따.

또 내가 건강하지 않으면 가족을 앞으로도 계속 지켜갈 수 없기 때문에, 이번에야말로 반드시 끊으려고 결심했습니다.

また私が健康じゃないと家族をこれからもずっと守っていけないので、今度こそ必ずやめようと決心しました。

마따 와따시가 켕꼬 - 쟈나이또 카조꾸오 코레까라모 즛또 마못떼 이께나이노데, 콘도꼬소 카나라즈 야메요 - 또 켓신시마시따.

지금은 담배 끊은 지 5년되었습니다. 어떤 사람은 담배를 끊고 10년이 되지만, 지금은 다시 피우고 있다고 하지만, 저는 절대로 두 번 다시 담배를 피우지 않을겁니다.

今はたばこをやめて 5 年になりました。ある人はたばこをやめて 10年になるけど、今はまた吸っているそうですが、私は絶対二度とたばこは吸わないつもりです。

이마와 타바꼬오 야메떼 고넨니 나리마시따. 아루 히또와 타바꼬오 야메떼 쥬 - 넨니 나루케도, 이마와 마따 슷떼 이루 소 - 데스가, 와따시와 젯따이 니도또 타바꼬와 스와나이 쯔모리데스.

吸う는 연기, 공기뿐만 아니라 액체를 빨아들일 때도 쓰입니다.

예문)

산에 올라서 맑은 공기를 마시면 머리가 시원해져요.

山に登ってきれいな空気を吸ったら頭がスッキリするんです。

이자카야에서 생맥주에 빨대를 꽂아서 빨고 있는 손님이 있어서 놀랐어요.

居酒屋で生ビールにストローをさして吸っているお客さんがいてビックリしました。

止める는〈自転車を止める(자동차를 세우다), 息を止める(숨을 멈추다), 食欲を止める(식욕을 끊다), 水道, ガスを止める(수도, 가스를 잠그다)〉와 같이 〈~~을 멈추고, 중지시키다〉는 뜻으로 쓰이고, 止める는 〈塾を止める(학원을 그만두다), 習い事を止める(배우는 것을 그만두다), パチンコを止める(빠찡꼬를 그만두다)〉와 같이 〈~~을 그만두다〉는 뜻으로 쓰이며, 辞める는 〈(직장)을 그만두다〉라고 할 때만 쓰입니다.

예문)

숨을 멈추고 몇 분 정도 참을 수 있습니까?

息を止めて何分ぐらい耐えられますか。

어딘가에서 가스가 새고 있는 느낌이 들기 때문에 가스를 잠가주세요.

どこかでガスが漏れている気がするのでガスを止めてください。

이 계획은 예산을 초과해서 그만두려고 합니다.

この計画は予算をオーバーしたので止めようと思います。

무책임한 발언은 그만하세요. 더 이상은 못 참아요.

無責任な発言は止めてください。これ以上は我慢できません。

회사를 그만두고 시골에 돌아가서 사는것이 나의 오랜 꿈이에요.

会社を辞めて田舎に帰って暮らすのが私の長年の夢です。

일을 그만두고 일 년이 되지만 아직 취업 활동 중이에요.

仕事を辞めて一年になりますが、まだ就職活動中です。

우마쿠이쿠는 〈잘 되다〉라는 뜻으로 いく는 실제로 이동해서 가는 것은 아니기 때문에 이런 경우 한자를 생략하고, 히라가나로만 표기합니다.

예문)

감독님이랑 잘 안 맞아서 다른 팀에 이적할 예정이에요.
<ruby>監督<rt>かんとく</rt></ruby>とうまくいかなくて<ruby>別<rt>べつ</rt></ruby>のチームに<ruby>移籍<rt>いせき</rt></ruby>する<ruby>予定<rt>よてい</rt></ruby>です。

새로운 상품의 판매전략이 잘 안 돼서 고민하고 있어요.
<ruby>新<rt>あたら</rt></ruby>しい<ruby>商品<rt>しょうひん</rt></ruby>の<ruby>販売戦略<rt>はんばいせんりゃく</rt></ruby>がうまくいかなくて<ruby>悩<rt>なや</rt></ruby>んでいるんです。

두 사람은 재혼했는데 아이도 태어나고 잘 되어가고 있는 것 같아요.
<ruby>2人<rt>ふたり</rt></ruby>は<ruby>再婚<rt>さいこん</rt></ruby>したんですけど、<ruby>子<rt>こ</rt></ruby>どもも<ruby>生<rt>う</rt></ruby>まれてうまくいっているみたいです。

연락이 없다는 것은 분명히 잘 되고 있는 것이기 때문에 그다지 걱정하지 마세요.
<ruby>連絡<rt>れんらく</rt></ruby>がないということはうまくいっているはずだからあまり<ruby>心配<rt>しんぱい</rt></ruby>しないでください。

ようになる는 자신의 의지로 그렇게 되도록 할 때 쓰이는 표현임에 반해, ことになる는 자신의 의지와는 상관없이 그렇게 되도록 정해졌을 때 쓰이는 표현입니다.

예문)

드디어 운전할 수 있게 되어서 기뻐요.

やっと運転ができるようになって嬉しいです。

내년부터 도쿄지사에서 근무하기로 됐어요.

来年から東京の支社で勤務することになりました。

健康는 〈건강〉이라는 뜻인데, 보통 명사로 쓰이거나, 健康な人 (건강한 사람), 健康な歯ぐき(건강한 잇몸)와 같이 쓰이며, 〈健康に〉라는 형태로는 쓰이지 않습니다. 元気だ는 〈건강하다〉라는 형용동사로서 元気な性格(건강한 성격), 元気な子供(건강한 아이) 아니면 元気に〈건강하게〉, 元気で〈건강하고〉로 쓰입니다.

예문)

왜 건강한 생활을 해야 하는지 몸이 나빠지고나서 비로소 알게 되었습니다.

なぜ健康的な生活が大切なのか体調が悪くなってからやっと分かりました。

건강이 제일 소중하니까 오늘은 푹 쉬세요.
健康が一番大事ですから、今日はゆっくり休んでください。

40대가 되고나서 몸을 위해서 건강식을 먹게 됐어요.
４０代になってから体のために健康食を食べるようになりました。

그는 항상 건강하고 밝은 사람입니다.
彼はいつも元気で明るい人です。

우리 강아지가 최근에 기운이 없어서 걱정이에요.
うちのワンちゃんが最近元気がなくて心配です。

〈태어나다〉라는 뜻으로 生まれる와 産まれる가 있는데, 거의 차이점이 없다고도 볼 수 있지만, 미묘한 차이점은 産まれる는 거의 90퍼센트 이상 출산에 관해서만 쓰여지고 있지만, 生まれ

る는 출산뿐만 아니라 태어난 뒤의 삶에서 일어나는 여러 상황에 대한 표현을 할 때도 쓰입니다. 〈~~을 낳다〉인 生む, 産む로 쓰일 때도 産む가 90퍼센트 이상 출산에 관한 표현으로만 쓰이고, 生む가 좀 더 포괄적인 의미로 쓰입니다.

예문)

여자아이가 태어나면 나나코라는 이름을 지으려고 생각했어요.

<ruby>女<rt>おんな</rt></ruby>の<ruby>子<rt>こ</rt></ruby>が<ruby>生<rt>う</rt></ruby>まれたら<ruby>菜々子<rt>ななこ</rt></ruby>という<ruby>名前<rt>なまえ</rt></ruby>を<ruby>付<rt>つ</rt></ruby>けようと<ruby>思<rt>おも</rt></ruby>っていました。

이번 해외여행은 태어나서 처음이기 때문에 엄청 설레고 있습니다.

<ruby>今回<rt>こんかい</rt></ruby>の<ruby>海外旅行<rt>かいがいりょこう</rt></ruby>は<ruby>生<rt>う</rt></ruby>まれて<ruby>初<rt>はじ</rt></ruby>めてなので、すごくわくわくしています。

기타노씨는 30대인데도, 태어나고 나서 한 번도 외박을 한 적이 없대.

<ruby>北野<rt>きたの</rt></ruby>さんは３０<ruby>代<rt>さんじゅうだい</rt></ruby>なのに<ruby>生<rt>う</rt></ruby>まれてから<ruby>一度<rt>いちど</rt></ruby>も<ruby>外泊<rt>がいはく</rt></ruby>をしたことがないって。

저 아이는 태어나서 바로 미국에 이민 가서 한국어는 말할 줄 몰라요.

あの<ruby>子<rt>こ</rt></ruby>は<ruby>産<rt>う</rt></ruby>まれてすぐアメリカに<ruby>移民<rt>いみん</rt></ruby>したので<ruby>韓国語<rt>かんこくご</rt></ruby>は<ruby>話<rt>はな</rt></ruby>せないです。

우리 강아지가 새끼를 낳아서 지금은 외출할 수 없어요.

うちのワンちゃんが子どもを生んだので今は外出できないです。

드라마에서는 자신이 낳은 아이를 키우지 않고, 시설에 보내는 경우가 많습니다.

ドラマでは自分が生んだ子どもを育てず施設に送るケースが多いです。

여동생이 임신해서 내년 6월에 둘째를 낳을 예정입니다.

妹が妊娠して来年の六月に二人目を産む予定です。

つもり와 予定는 둘 다 〈예정〉이라는 공통의 뜻이 있지만, つもり는 〈작정, 의도〉라는 뜻이 있어서 좀 더 광범위하게 쓰입니다. 단, 자신의 의지와는 상관없이 예정된 일에 대해서는 つもり를 쓰지 않고, 予定만 씁니다.

예문)

헤어질 작정으로 여자 친구에게 전화를 했지만, 마음이 약해져서 이별을 고하지 못했습니다.

別れるつもりで彼女に電話したけど、気が弱くなって別れを告げられなかったです。

여름휴가는 홋카이도 여행을 갈 생각이에요.

夏休みは北海道旅行に行くつもりです。(여기서는 つもり 대신 予定를

써도 됩니다.)

다음 주에 면접을 볼 예정이라서 지금 열심히 연습 중입니다.

来月面接を受ける予定だから、今一所懸命練習中です。

在宅勤務
재택 근무

11과 본문

최근 인터넷의 보급에 의해서 재택 근무를 하는 사람이 많아졌습니다.

最近インターネットの普及によって在宅勤務をする人が増えて来ました。

사이낑 인타 – 넷또노 후뀨 – 니욧떼 쟈이따꾸 킨무오 스루 히또가 후에떼 키마시따.

재택 근무는 여러 가지 장점이 있습니다.

在宅勤務はいろいろな長所があります。

쟈이따꾸 킨무와 이로이로나 쵸 – 쇼가 아리마스.

아침 일찍 일어나서 출근하지 않아도 되니까 시간적으로 여유가 생깁니다.

朝早く起きて出勤しなくてもいいので、時間的に余裕ができます。

아사 하야꾸 오끼떼 슛낑 시나꾸떼모 이 – 노데, 지깐떼끼니 요유 – 가 데끼마스.

통근 시간을 합하면 경우에 따라서는 4시간 정도의 여유가 생깁니다.

通勤時間を合わせると、場合によっては4時間ぐらいの余裕ができ

ます。

츠 - 낑 지깡오 아와세루또, 바아이니 욧떼와 요지깐 구라이노 요유 - 가 데끼마스.

직장 상사를 만나지 않아도 좋으니까 스트레스도 비교적 적을 겁니다.

職場の上司に会わなくてもいいので、ストレスも比較的少ないでし

ょう。

쇼꾸바노 죠 - 시니 아와나꾸떼모 이 - 노데, 스또레스모 히까꾸떼끼 스꾸나이데쇼 - .

아이와 놀면서 일할 수 있다는 장점은 있지만, 반대로 아이와 부인 때문에 일
을 제대로 할 수 없다는 단점도 있습니다.

子供と遊びながら、仕事ができるという長所はありますが、反対に
子供と妻のせいで仕事がちゃんとできないという短所もあります。

코도모모 아소비나가라, 시고또가 데끼루 또이우 쵸 - 쇼와 아리마스가, 한따이니 코도모또 쯔
마노 세 - 데 시고또가 짠또 데끼나이 또이우 탄쇼모 아리마스.

그렇지만, 이 문제는 간단하게 해결할 수 있습니다.

しかし、この問題は簡単に解決できます。

시까시, 코노 몬다이와 칸딴니 카이께쯔 데끼마스.

일하는 시간을 정해서 그 시간은 가족으로부터 벗어나서 방문을 잠그고 일에
만 집중할 수 있도록 하면 됩니다.

仕事する時間を決めてその時間は家族から離れて、ドアを閉めて

仕事に<ruby>集<rt>しゅう</rt></ruby><ruby>中<rt>ちゅう</rt></ruby>できるようにすればいいんです。
※<ruby>仕事<rt>しごと</rt></ruby>

시고또스루 지깡오 키메떼 소노 지깡와 카쬬꾸까라 하나레떼, 도아오 시메떼 시고또니 슈-쮸- 데끼루 요-니 스레바 이인데스.

실제로 누구나가 재택 근무를 꿈꾸고 있습니다만, 현실적으로 재택 근무가 불가능한 직업도 있고요, 특정한 직업을 가진 사람만 재택 근무가 가능하게 됩니다.

<ruby>実際<rt>じっさい</rt></ruby>、<ruby>誰<rt>だれ</rt></ruby>もが<ruby>在宅勤務<rt>ざいたくきんむ</rt></ruby>を<ruby>夢見<rt>ゆめみ</rt></ruby>ていますが、<ruby>現実的<rt>げんじつてき</rt></ruby>に<ruby>在宅勤務<rt>ざいたくきんむ</rt></ruby>が

<ruby>不可能<rt>ふかのう</rt></ruby>な<ruby>職業<rt>しょくぎょう</rt></ruby>もありますし、<ruby>特定<rt>とくてい</rt></ruby>の<ruby>職業<rt>しょくぎょう</rt></ruby>の<ruby>人<rt>ひと</rt></ruby>だけ<ruby>在宅勤務<rt>ざいたくきんむ</rt></ruby>が<ruby>可能<rt>かのう</rt></ruby>

になります。

짓사이, 다레모가 쟈이따꾸 킨무오 유메미떼 이마스가, 겐지쯔떼끼니 쟈이따꾸 킨무가 후까노-나 쇼꾸교-모 아리마스시, 토꾸떼-노 쇼꾸교-노 히또 다께 쟈이따꾸 킨무가 카노-니 나리마스.

예를 들면 컴퓨터 관련의 일을 하는 사람이나 방송과 관련된 일을 하는 사람 아니면 온라인 강의를 하는 사람은 재택 근무가 가능하다고 생각합니다.

<ruby>例<rt>たと</rt></ruby>えば、パソコン<ruby>関連<rt>かんれん</rt></ruby>の<ruby>仕事<rt>しごと</rt></ruby>をする<ruby>人<rt>ひと</rt></ruby>や<ruby>放送関連<rt>ほうそうかんれん</rt></ruby>の<ruby>仕事<rt>しごと</rt></ruby>をする<ruby>人<rt>ひと</rt></ruby>、

もしくはオンライン<ruby>講義<rt>こうぎ</rt></ruby>をする<ruby>人<rt>ひと</rt></ruby>は、<ruby>在宅勤務<rt>ざいたくきんむ</rt></ruby>が<ruby>可能<rt>かのう</rt></ruby>だと<ruby>思<rt>おも</rt></ruby>います。

타또에바, 파소꼰 칸렌노 시고또오 스루 히또야 호-소- 칸렌노 시고또오 스루 히또, 모시꾸와 온라인 코-기오 스루 히또와, 쟈이따꾸 킨무가 카노-다또 오모이마스.

제 주변에는 의사 선생님인데 재택 근무를 하는 분이 계십니다.

<ruby>私<rt>わたし</rt></ruby>のまわりにはお<ruby>医者<rt>いしゃ</rt></ruby>さんで<ruby>在宅勤務<rt>ざいたくきんむ</rt></ruby>をする<ruby>方<rt>かた</rt></ruby>がいらっしゃいま

す。

와따시노 마와리니와 오이샤산데 쟈이따꾸 킨무오 스루 카따가 이랏샤이마스.

그렇지만 집으로 계속 환자가 오시니까 가족이 좀 불편하게 느낀다고 합니다.

しかし、家にずっと患者さんが来られるので、家族がちょっと不便に感じるそうです。

시까시, 이에니 즛또 칸쟈산가 코라레루노데, 카죠꾸가 춋또 후벤니 칸지루 소 - 데스.

11과 문법

〈동사의 て형 + くる〉는 〈~~해 오다〉라는 뜻으로 과거부터 현재까지 쭉 이어져 오는 생각이나 현상을 표현할 때 동사의 て형에 접속해서 쓰입니다.

예문)

근래 저출산이 문제가 되어 왔기 때문에 여러 가지 대책을 세우고 있다고 합니다.

近年少子化が問題になってきているので、さまざまな対策を立てているそうです。

옛날부터 생각해 온 아이디어로 이번에 시작품을 만들어 보았습니다.

昔から考えてきたアイデアで今回試作品を作って見ました。

合わせる〈합하다〉와 발음이 같은 会わせる는 〈만나게 하다〉라

는 뜻으로 쓰입니다.

예문)

5박 6일 캠핑 갈 때 여러 가지 비용을 합치면 약 100만 원 정도 들 거라고 생

각해요.

五泊六日のキャンピングに行く時、いろいろな費用を合わせたら約

100万ウォン位かかると思います。

제 지인까지 합쳐도 500명의 서명을 모으는 건 무리예요.

私の知り合いまで合わせても500名の署名を集めるのは無理です。

멋진 남자가 있는데, 예전부터 너랑 만나게 하려고 했는데 타이밍이 안 맞

아……

格好いい後輩がいて、前から君に会わせようとしたけどタイミング

が合わなくてね。

그 두 사람은 만날 때마다 싸움하기 때문에 가능하면 만나지 않게 해주세요.

あの二人は会う度にケンカするからできるだけ会わせないでくださ

い。

反対(はんたい)に와 비슷한 표현으로 逆(ぎゃく)に가 있는데 둘 다 〈반대로〉의 의미가 있지만, 逆(ぎゃく)에는 〈거꾸로〉라는 뜻으로도 쓰입니다.

예문)

지도를 잘못 봐서 반대 방향으로 가버렸습니다.

地図(ちず)を見間違(みまちが)えて反対方向(はんたいほうこう)に行(い)ってしまいました。

다이어트를 위해서 1일 1식만 먹었습니다만, 양이 너무 많아서 거꾸로 살쪄버렸습니다.

ダイエットのために一日一食(いちにちいっしょく)だけ食(た)べたんですけど、量(りょう)が多過(おおす)ぎて逆(ぎゃく)に太(ふと)っちゃったんです。

반대로 생각하면 당신에게 고생을 시킨 사람이 당신을 성장시킨 은인이네요.

逆(ぎゃく)に考(かんが)えればあなたに苦労(くろう)をかけた人(ひと)があなたを成長(せいちょう)させた恩人(おんじん)ですね。

せいだ는 〈~~탓이다〉라는 뜻으로 접속 방법은 다음과 같습니다. 〈동사 과거형 + せいだ〉, 〈형용사 + せいだ〉, 〈형용동사だ를 떼고 な접속 + せいだ〉, 〈せいで(탓으로)〉, 〈せいか(탓인지)〉

예문)

그는 대학교 때 주식으로 큰돈을 벌었던 탓으로 지금도 회사 일은 자기한테 안 맞는다고 해요.

彼は大学時代、株で簡単に大金を稼いでいたせいで、今も会社の仕事は自分に合わないと言っています。

어젯밤 늦게까지 드라마를 본 탓인지 오늘은 아침부터 머리가 아파요.

昨夜遅くまでドラマを見たせいか今日は朝から頭が痛いです。

우리 아이는 과자 외에는 그다지 안 먹는 탓에 5살인데도 충치가 3개나 있습니다.

うちの子どもはお菓子以外はあまり食べないせいで五歳なのに虫歯が三つもあります。

일 년에 한 번밖에 없는 특별한 기념일이었습니다만 예약한 레스토랑이 생각한 것보다 맛있지 않았던 탓인지 즐기지 못했습니다.

年に一度しかない特別な記念日でしたが、予約したレストランが思ったより美味しくなかったせいか楽しめなかったです。

면접에서 떨어진 것은 제 영어가 서툰 탓이었어요.

面接で落ちたのは私の英語が下手なせいでした。

〈~~을 결정하다〉라는 뜻으로 決める, 定める, 決定する가 있

고, 〈~~이 결정되다〉라는 뜻으로 決まる, 定まる, 決定される

가 있는데, 決める, 決まる는 비교적 가벼운 주제에 관해서 쓰

이는 반면, 定める, 定まる는 좀 무거운 주제에 관해서 얘기할

때 쓰이며, 決定する, 決定される

예문)

저는 한번 결정하면 꼭 실행하는 타입이에요.

私は一度決めたら必ず実行するタイプです。

예산이 정해졌어도 조금 변경할 수는 있을 거예요.

予算が決まったとしても少しの変更はできるはずです。

게스트하우스를 이용 시 규칙은 집주인이 전부 정하고 있으니까 협조 부탁드
립니다.

ゲストハウスを利用する際のルールは大家さんが全部定めている

ので、ご協力お願いします。

게임을 시작하기 전에 규칙을 안 정하면 트러블이 생기기 쉬우니까 조심하세요.

ゲームを始める前にルールを定めなければ、あとでトラブルが起き

やすいので気をつけてください。

정상회담의 일정은 정해졌지만, 장소는 아직 발표하지 않았어요.

首脳会談の日程は定まったけど場所はまだ発表していないんです。

임원 회의에서 키무라 씨를 도쿄지사에 보내기로 결정했어요.

役員会議で木村さんを東京支社に行かせると決定したんです。

이런 일은 혼자 결정하지 말고 팀 멤버들의 의견도 들어주세요.

こういうことは1人で決定しないでチームのメンバー達の意見も聞いてください。

전국의 최저 임금이 결정돼서 인건비가 점점 늘어날 것 같아요.

全国の最低賃金が決定されて人件費がますます増えそうです。

閉める는 보통 〈(문이나, 창문)을 닫다〉라는 뜻으로 쓰이고, 閉じて는 보통 〈(눈)을 감다, (입)을 닫다〉라는 뜻으로 쓰이며, 록하다는 〈잠그다〉라는 뜻으로 쓰이며, 止める는 〈잠그다, 끄다〉라는 뜻으로 쓰입니다. 비슷한 표현이라서 예문과 함께 정리해 봤습니다.

예문)

밤은 추우니까 창문을 닫고 주무세요.

夜中は寒いから窓を閉めて寝てください。

매일 눈을 감고 10분 정도 눈알을 빙빙 돌리면 눈 건강에 좋습니다.

毎日目を閉じて10分ぐらい目玉をぐるぐる回すと目の健康にいい

です。

오늘은 잔업하는 사람이 있으니까 컴퓨터는 잠그지 마세요.

今日は残業する人がいるからパソコンはロックしないでください。

식당 직원분들은 지진이 일어나면 먼저 가스를 잠그고 나서 피난합시다.

食堂の職員達は地震が起きたら、まずガスを止めてから避難しまし

ょう。

もしくは, または, あるいは, それともは 모두 〈아니면, 혹은, 또
는〉이라는 뜻으로 쓰이는데, もしくは, または, あるいは는 단어
와 단어 사이에 접속하는 반면, それとも는 문장과 문장 사이에
접속하는 것이 다른 점입니다.

예문)

영어 혹은 일본어를 할 수 있는 스태프를 모집하고 있어요.

英語もしくは日本語ができるスタッフを募集しています。

당일치기 여행이라면 후쿠오카 혹은 오사카가 가까워서 가기 편합니다.

日帰り旅行なら福岡、または大阪が近くて行きやすいです。

여권 또는 운전면허증의 복사본을 부탁드립니다.

パスポートあるいは運転免許証のコピーをお願いします。

커피는 지금 드릴까요? 아니면 식사 후에 드릴까요?

コーヒーは今お持ちしましょうか。それとも食後でよろしいでしょうか。

〈주변〉이라는 뜻으로 〈周りに〉, 〈周辺に〉이 있는데, 〈周りに〉가 좀 더 구어체이고, 근처라는 뜻으로 〈近くに〉가 있으며, 〈隣に〉는 〈이웃집〉이라는 뜻으로 쓰입니다. 예문과 함께 익혀봅시다.

예문)

주변에 스페인어를 말할 수 있는 분이 있어요?

周りにスペイン語が話せる方がいますか。

이자카야 주변에 주차장이 없어서 회식할 때 버스로 갑니다.

居酒屋の周辺に駐車場がないので、飲み会の時はバスで行きます。

이 근처에 6시 이후에도 열려 있는 우체국이 있어요?

この近くに6時以降も開いている郵便局はありますか。

역 옆에 유명한 카레 집이 있어서 자주 먹으러 가요.

駅の隣に有名なカレー屋があってよく食べに行きます。

12과 본문

실은 저는 중학교나 고등학교에 다녔을 때 불량한 친구들과 사귀어서 담배를
피우기도 하고, 싸움도 많이 하기도 하면서 지냈습니다.

<ruby>実<rt>じつ</rt></ruby>は、<ruby>私<rt>わたし</rt></ruby>は<ruby>中学校<rt>ちゅうがっこう</rt></ruby>や<ruby>高校<rt>こうこう</rt></ruby>に<ruby>通<rt>かよ</rt></ruby>っていた<ruby>時<rt>とき</rt></ruby>、<ruby>不良<rt>ふりょう</rt></ruby>みたいな<ruby>友<rt>とも</rt></ruby>だちと<ruby>付<rt>つ</rt></ruby>き<ruby>合<rt>あ</rt></ruby>っていて、タバコを<ruby>吸<rt>す</rt></ruby>ったりケンカもたくさんしたりしながら<ruby>過<rt>す</rt></ruby>ごしていました。

지쯔와, 와따시와 츄－갓꼬－야 코－꼬－니 카욧떼 이따 토키, 후료－ 미따이나 토모다찌또 츠
끼앗떼 이떼, 타바꼬오 슷따리 켕까모 탁상 시따리 시나가라 스고시떼 이마시따.

그때는 그게 멋있어 보이고, 다른 사람들과는 뭔가 다른 세계에 있는 것 같고,
엄청한 힘을 가지고 있다고 생각했습니다.

その<ruby>時<rt>とき</rt></ruby>はそれがカッコよく<ruby>見<rt>み</rt></ruby>えて、<ruby>他<rt>ほか</rt></ruby>の<ruby>人達<rt>ひとだち</rt></ruby>とはなにか<ruby>違<rt>ちが</rt></ruby>う<ruby>世界<rt>せかい</rt></ruby>にいるようで、ものすごい<ruby>力<rt>ちから</rt></ruby>を<ruby>持<rt>も</rt></ruby>っていると<ruby>思<rt>おも</rt></ruby>っていました。

소노 토끼와 소레가 캇꼬 요꾸 미에떼, 호까노 히또따찌 또와 나니까 치가우 세까이니 이루
요－데, 모노스고이 치까라오 못떼 이루또 오못떼 이마시따.

마치 액션 영화의 주인공처럼 느낄 때도 있었습니다.

まるでアクション映画の主人公みたいに感じる時もありました。

마루데 아꾸숑 에－가노 슈징꼬－ 미따이니 칸지루 토끼모 아리마시따.

하지만, 고3 때에 이대로는 안 되겠다고 생각했습니다.

しかし、高校三年の時に、このままではいけないと思いました。

시까시, 코－꼬－ 산넨노 토끼니, 코노 마마데와 이께나이또 오모이마시따.

저는 착각 속에서 살고 있었다는 것을 깨달았습니다.

私は錯覚の中で生きていたことに気づいたんです。

와따시와 삿까꾸노 나까데 이끼떼 이따 코또니 키즈이딴데스.

그래서 담배도 싸움도 그만 하고, 공부를 해야겠다는 생각을 했습니다.

それで、タバコもケンカもやめて、勉強をしなきゃいけないと思いました。

소레데, 타바꼬모 켕까모 야메떼, 벵꾜－오 시나꺄 이께나이또 오모이마시따.

하지만 제 친구들은 다들 전혀 반성하지 않고, 폭력적인 인생을 계속 살고 자신의 미래에 대해 아무런 준비도 하지 않았습니다.

しかし、私の友だちはみんな全然反省しないで、暴力的な人生をずっと過ごしていて自分の未来について何の準備もしませんでした。

시까시, 와따시노 토모다찌와 민나 젠젠 한세－ 시나이데, 보－료꾸떼끼나 진세－오 줏또 스고시떼 이떼 지분노 미라이니 쯔이떼 난노 준비모 시마셍데시따.

결국 친구들 중 몇 명인가는 폭행 사건으로 형무소에 갔습니다.

結局、友だちの中の何人かは、暴行事件で刑務所に行きました。

켓꾜꾸, 토모다찌노 나까노 난닝까와, 보 – 꼬 – 지껜데 케 – 무쇼니 이끼마시따.

그리고는 그들과는 연락이 되지 않은 채로 있고, 다른 친구들은 이제와서는 마음을 고쳐 먹고, 열심히 근면하게 살고 있습니다.

それからは彼らとは連絡がつかないままで、他の友だちは今では心を入れ替えて、一所懸命まじめに生きています。

소레까라와 카레라또와 렌라꾸가 츠까나이마마데, 호까노 토모다찌와 이마데와 코코로오 이레카에떼, 잇쇼켄메 – 마지메니 이끼떼 이마스.

12과 문법

通う、行き来する、歩き回るは 비슷한 뜻이지만, 차이점이 있습니다. 通うは 〈(정기적으로)~~에 다니다〉라는 뜻이고, 行き来する는 〈왕래하다〉라는 뜻이고, 歩き回る는 〈돌아다니다〉라는 뜻입니다. 예문과 함께 알아봅시다.

예문)

다이어트하기 위해서 요가 교실에 다니거나 등산하거나 했습니다만, 여전히 실패했습니다.

ダイエットをするためにヨガ教室に通ったり山登りに行ったりしましたが、あいかわらず失敗しました。

슈퍼까지 편하게 오가려고 전동자전거를 샀어요.
スーパーまで楽に行き来しようと電動自転車を買いました。

이건 여기저기 돌아다니며 겨우 구한 한약이에요.
これはあっちこっち歩き回ってやっと手に入れた漢方薬です。

〈みたいな〉와 〈のような〉는 같은 뜻으로 〈~~같은〉이라는 뜻이고, 〈のように〉와 〈みたいに〉는 같은 뜻으로 〈~~ 같이, ~~처럼〉라는 뜻인데, 〈みたいな〉, 〈みたいに〉는 〈のような〉, 〈のように〉의 구어체 표현이라고 할 수 있습니다.

예문)

그는 모델 같은 체격이라서 뭘 입어도 어울립니다.
彼はモデルさんみたいな体格で何を着ても似合います。

그녀하고 만난 지 얼마 안 되었는데 옛날부터 알고 지낸 지인처럼 화제가 끊기지 않아요.

彼女とは会ったばかりですが昔からの知り合いみたいに話が尽きません。

처음 스페인에 갔을 때 거짓말 같은 정말 훌륭한 건축물을 보고 감격했어요.

初めてスペインに行った時、うそのような本当に素晴らしい建築物を見て感激しました。

나카무라 씨처럼 영어를 잘하면 일자리가 많이 있습니다.

中村さんのように英語が上手に話せたら就職先がいっぱいありますよ。

見えるは〈~~이 보이다〉, 見るは〈~~을 보다〉, 見せるは〈~~을 보여주다〉, 見られるは〈~~에게 보여지다, ~~로 보여지다〉라는 뜻입니다.

예문)

아빠는 귀가해서 엄마의 모습이 안 보이면 바로 담배 피우러 나갑니다.

父は帰宅して母の姿が見えないとすぐタバコを吸いに行きます。

아이는 부모의 모습을 보고 자란다고 하니까 정신 차리세요.

子どもは親の姿を見て育つと言うからしっかりしなさい。

이 기획서를 과장님께 보여드리면 어때요?

この企画書を課長に見せたらどうですか。

주말에 회사에 두고 온 물건을 가지러 갔을 때 동료한테 민낯을 보여서 창피했어요.

週末会社に忘れ物を取りに行った時に同僚にすっぴんを見られたので恥ずかしかったです。

초기폐암은 체중이 줄거나 식욕이 사라지거나 하는 증상이 자주 보여지고 있습니다.

初期の肺癌は体重が減ったり食欲がなくなったりする症状がよく見られています。

生きると住むと暮すと 비슷한 뜻이 있지만, 확실한 차이점이 있습니다. 生きる는 죽지 않고, 생명을 가지고, 살아 있다는 의미를 가지고, 住む는 아파트나 맨션 등에 거주하는 것을 의미하며, 暮す는 하루하루 세월을 보낸다는 의미를 가지고 있습니다. 비

슷한 표현으로 生活する가 있는데, 〈생활하다〉라는 뜻입니다.

예문)

매일 후회 없이 살아갑시다.

毎日悔いがないように生きていきましょう。

난민 뉴스를 보니까 안전한 나라에서 매일 건강하게 살고 있는 것에 감사하지 않으면 안 된다고 생각했어요.

難民のニュースを見たら安全な国で毎日元気で生きていることに感謝しないといけないと思いました。

살기 위해서 먹는 사람과 먹기 위해서 사는 사람이 있습니다만, 저는 맛있는 음식을 먹기 위해서 일을 열심히 하고 있어요.

生きるために食べる人と食べるために生きる人がいますが、私はおいしいものを食べるために仕事を頑張っています。

젊은이가 섬에서 안 사는 이유는 취직할 곳이 없어서예요.

若者が島に住まない理由は就職先がないからです。

어디에 사는지보다 누구랑 함께 사는지가 중요한 것이다.

どこに住むのかより誰と一緒に住むのかが重要である。

나는 지금 아파트에 살고 있습니다만, 조만간 맨션으로 이사 갈 예정입니다.

私は今アパートに住んでいますが、近いうちにマンションに引っ越す予定です。

떨어져서 지내고 있어도 가족이니까 항상 마음은 연결되어 있습니다.

離れて暮らしても家族だからいつも心は繋がっています。

아는 사람 중에 깊은 산속에서 혼자서 생활하고 있는 사람이 있습니다.

知り合いの中に山奥で一人で生活をしている人がいます。

錯覚와 勘違い는 둘 다 〈착각〉이라는 뜻으로 회화에서 자주 쓰입니다.

예문)

이 그림은 눈의 착각으로 입체적으로 보입니다만, 실은 평면에 그려져 있습니다.

この絵は目の錯覚で立体的に見えますが実は平面に描いてあります。

제 잘못으로 실수를 해버려서 정말 죄송합니다.

私の勘違いでミスをしてしまって本当に申し訳ありません。

気づくは 좁은 의미에서 〈눈치를 채고, 깨닫는 것〉을 의미하며,

悟る는 넓은 의미에서 〈진리적인 부분을 깨닫는 것〉을 의미합

니다.

예문)

빨리 자신의 능력을 알아차리고 자신감을 더 가졌으면 좋겠어요.

早く自分の能力に気づいてもっと自信を持ってほしいです。

제가 인생에서 깨달은 것은 주변 사람을 소중하게 생각해야 한다는 것입니다.

私が人生で悟ったことは周りの人を大切にするということです。

〈～しなきゃいけない(~하지 않으면 안된다)〉에서 しなきゃ는 し

なければ의 줄임말이고, 〈～しなくちゃいけない(~하지 않아서

는 안 된다)〉에서 しなくちゃ는 しなくては의 줄임말입니다.

예문)

밤늦게까지 술을 마실때는 미리 아내한테 연락해야 돼요.

夜遅くまでお酒を飲む時は、前もって妻に連絡しなきゃいけないんです。

이 일은 부장님께 보고해야 하니까 회의내용에 추가해주세요.

この件は部長に報告しなくちゃいけないので会議内容に追加してください。

연락이 안 된다는 뜻으로 連絡がつかない〈연락이 안 된다〉, 連絡が途絶える〈연락이 끊어지다〉, 連絡が取れない〈연락을 취할 수 없다〉라는 표현이 있습니다.

예문)

지진이 난 지역의 친구랑 연락이 안 돼서 걱정했는데 아까 전화가 왔어요.

地震が起きた地域の友人と連絡がつかないから心配していましたが、先ほど電話が来ました。

20년 만의 동창회에서 연락이 끊겼던 동창생을 만날 수 있어서 기뻤어요.

２０年ぶりの同窓会で連絡が途絶えた同級生に会えて嬉しかった

です。

급한 일인데 휴대폰으로는 연락이 안 돼서 어쩔 수 없이 회사에 연락했어요.

急用なんですけどケータイ電話では連絡が取れなくて仕方なく

会社に連絡しました。

お金があってもできないこと
돈으로 할 수 없는 것

13

13과 본문

어떤 사람은 돈이 최고라고 말하지만, 세상에서 돈이 있어도 할 수 없는 것이 많이 있습니다.

ある人はお金が最高だと言っていますが、世の中にはお金があっても出来ないことがたくさんあります。

아루 히또와 오까네가 사이꼬 – 다또 잇떼 이마스가, 요노 나까니와 오까네가 앗떼모 데끼나이 코또가 탁상 아리마스.

그것은 건강을 유지하는 것입니다. 현대 의학이 아무리 발달해도 모든 병을 고치는 것은 할 수 없기 때문입니다. 특히 암에 걸리는 최대의 원인은 스트레스라고 합니다.

それは健康を維持することです。現代の医学がいくら発達しても、全ての病気を治すことは出来ないからです。特にガンになる最大の原因はストレスだそうです。

소레와 켕꼬 – 오 이지스루 코또데스. 겐다이노 이가꾸가 이꾸라 핫따쯔시떼모, 스베떼노 뵤 – 끼오 나오스 코또와 데끼나이까라데스. 토꾸니 간니 나루 사이다이노 겡잉와 스또레스다 소 – 데스.

얼마 전 병원에 문병을 갔습니다만, 환자가 아주 많아서 놀랐고, 마음이 괴로 웠습니다.

少し前病院にお見舞いに行ったんですが、患者がとても多くて、驚 いたし、心苦しかったです。

스꼬시 마에 뵤 – 잉니 오미마이니 잇딴데스가, 칸쟈가 도떼모 오 – 꾸떼, 오도로이따시, 코코로 구루시깟따데스.

그리고, 다음으로 화목한 가정입니다. 아무리 돈이 있어도 가족이 사이가 좋지 않고, 싸움만 하면, 그건 정말 불행한 일입니다.

そして、次に仲睦まじい家庭です。いくらお金があっても家族が仲良 くなくてケンカばかりしていたら、それは本当に不幸なことです。

소시떼, 츠기니 나까무쯔마지 – 카떼 – 데스. 이꾸라 오까네가 앗떼모 카죠꾸가 나까요꾸 나꾸 떼 켕까바까리 시떼 이따라, 소레와 혼또 – 니 후꼬 – 나 코또데스.

실제로 부잣집 쪽이 오히려 싸움이 많다는 이야기는 자주 듣습니다.

実際、お金もちの家の方がむしろケンカが多いという話はよく聞き ます。

짓싸이, 오까네모찌노 이에노 호 – 가 무시로 켕까가 오 – 이 또이우 하나시와 요꾸 키끼마스.

세 번째는 성격을 고치는 것입니다. 보통 사람은 평생 자신의 나쁜 성격을 고 치지 못한다고 합니다. 예를 들면 자기 중심적인 성격이나 타인을 무시하거나 잘난 척하는 태도나 반성하지 않는 성격입니다. 이런 성격은 죽어도 바뀌지 않 는다고 생각합니다.

三つ目は、性格を直すことです。普通の人は、一生自分の悪い性格 を直せないと言われています。たとえば自己中心的な性格や他人

を無視したり、えらそうな態度や反省しない性格です。こういう性格は死んでも変わらないと思います。

밋쯔메와, 세ー까꾸오 나오스 코또데스. 후쯔ー노 히또와, 잇쇼ー 지분노 와루이 세ー까꾸오 나오세나이또 이와레떼 이마스. 타또에바 지꼬 츄ー신떼끼나 세ー까꾸야 타닝오 무시시따리, 에라소ー나 타이도야 한세ー 시나이 세ー까꾸데스. 코ー유 세ー까꾸와 신데모 카와라나이또 오모이마스.

일시적으로 바꾸는 것은 가능해도 시간이 지나면 다시 원래의 상태로 돌아올 겁니다.

一時的に変えることは出来ても時間が経てば、またもとの状態に戻るでしょう。

이찌지떼끼니 카에루 코또오 데끼떼모 지깐가 타떼바, 마따 모또노 죠ー따이니 모도루데쇼ー.

돈은 당연히 필요합니다만, 필요 이상으로 돈에 집착하는 것은 오히려 해가 된다는 것도 마음 깊이 새기지 않으면 안 됩니다.

お金は当然必要ですが、必要以上にお金に執着するのは、かえって害になるということも肝に銘じなければなりません。

오까네와 토ー젠 히쯔요ー데스가, 히쯔요ー 이죠ー니 오까네니 슈ー짜꾸 스루노와, 카엣떼 가이니나루 또이우 코또모 키모니 메ー지나께레바 나리마셍.

우리들은 돈보다 훨씬 소중한 것은 바로 사람이라는 것을 알아야 합니다.

私たちはお金よりずっと大切なものは、まさに人であるということを知るべきです。

와따시타찌와 오까네 요리 즛또 타이세쯔나 모노와, 마사니 히또데아루 또이우 코또오 시루베끼데스.

治す는 〈치료하다〉라는 뜻으로 쓰이고, 발음이 같은 直す는

〈고치다, 수정하다〉라는 뜻으로 쓰입니다.

예문)

이 병은 우리나라에서는 고칠 수 없다고 해서 의료관광비자로 일본에 왔어요.

この病気はわが国では治せないと言われたので医療観光ビザで

日本に来たんです。

화장을 고치고 바로 갈 테니까 10분쯤 기다려주세요.

化粧を直したら、すぐ行きますので10分ほど待ってくださいね。

お見舞いに行く와 헷갈리기 쉬운 표현으로 お見合いに行く가

있습니다.

예문)

내일 회사 동료들이랑 병문안 가고 싶은데 어느 병원인가요?

明日会社の同僚達とお見舞いに行きたいですが、どちらの病院です

か。

선을 보러 갈 때 입을 원피스를 사고 싶은데요.

お見合いに行く時に着るワンピースを買いたいんですが。

〈놀라다〉라는 뜻으로 びっくりする, 驚く가 있는데, 비교적 びっくりする가 격식 없는 표현인 반면에 驚く는 약간 정중한 표현이라고 할 수 있습니다.

예문)

이 정도의 일로 놀라지 마세요.

これぐらいのことでびっくりしないでください。

아침부터 공항 카운터에 사람들이 많이 줄 서 있어서 놀랐습니다.

朝から空港のカウンターに人がいっぱい並んでいてびっくりしたんです。

늦은 시간에 놀라게 죄송합니다. 지갑을 놓고 가버려서 찾고 있었어요.

遅い時間に驚かせてすみません。財布を置き忘れてしまって探していたんです。

마음의 상태를 표현하는 숙어에는 心が狭い〈마음이 좁다〉, 心がぐちゃぐちゃ〈마음이 뒤죽박죽〉, 気持ちが弱い〈마음이 약하다〉가 있습니다. 참고로 心が弱い라는 표현은 그다지 쓰지 않습니다.

예문)

저 사람은 마음이 좁고 자존심도 강해서 친구가 없어요.
あの人は心が狭くてプライドも高いので友だちがいないんです。

남자친구랑 싸우고 마음이 뒤죽박죽해서 너무 많이 마셔버렸어요.
彼氏とケンカして心がぐちゃぐちゃで飲み過ぎてしまいました。

내 마음이 약해질 때마다 선생님이 격려해주었습니다.
私の気持ちが弱くなる度に先生が励ましてくれました。

〈동사 과거형 + ばかり〉는 〈막 ~~한 지 얼마 안 됨〉이라는 뜻으로 쓰이고, 〈동사의 て형 + ばかりいる〉는 〈~~ 하기만 하고 있다〉의 뜻으로 쓰입니다.

예문)

망년회는 시작된 지 얼마 안 되었으니까 빨리 오세요.

忘年会は始まったばかりですから早く来てください。

쉬는 날은 술을 마시기만 하니까 애도 아빠랑 놀고 싶지 않다고 말하고 있습니다.

休みの日はお酒を飲んでばかりいるから、子どもがパパと遊びたくないって言っています。

経つ는 자동사로서 〈(시간)이 흐르다〉는 뜻으로 쓰이며, 経る는

타동사로서 〈(시간, 장소, 과정)을 거치다〉는 뜻으로 쓰입니다.

예문)

입사해서 3개월도 안 지났는데 신입사원이 5명이나 그만뒀어요.

入社して3ヶ月も経たないうちに新入社員が5人も辞めたんです。

지금은 괴롭지만, 시간이 지나면 전부 좋은 추억이 될 것이에요.

今は辛いけど時間が経てば全部いい思い出になるでしょう。

여자 친구와는 반년의 원거리 연애를 거쳐서 올해 3월에 결혼하게 되었습니다.

彼女（かのじょ）とは半年（はんとし）の遠距離恋愛（えんきょりれんあい）を経（へ）て今年（ことし）の三月（さんがつ）に結婚（けっこん）することになりました。

2년간의 병역을 거쳐서 더 성장한 것 같아요.

二年間（にねんかん）の兵役（へいえき）を経（へ）てもっと成長（せいちょう）したと思（おも）います。

이 비행기는 일본과 하와이를 거쳐서 미국에 가기 때문에 비행기값이 조금 쌉니다.

この飛行機（ひこうき）は日本（にほん）とハワイを経（へ）てアメリカに行（い）くので飛行機代（ひこうきだい）がちょっと安（やす）いです。

当然（とうぜん）과 비슷한 표현으로 当（あ）たり前（まえ）に（당연히）가 있습니다.

예문)

이제 성인이니까 부모가 해주는 것을 당연하다고 생각해서는 안 돼요.

もう成人（せいじん）だから親（おや）がしてくれることを当（あ）たり前（まえ）に思（おも）ってはいけないです。

いっそのこと, むしろ와 かえって는 둘 다 〈오히려, 차라리〉라는 뜻이 있지만, かえって가 추가적으로 〈반대로〉의 의미도 가지고 있습니다.

예문)

이렇게 좋아하면 차라리 고백하는 것이 좋다고 생각해요.
こんなに好きなら、いっそのこと告白した方がいいと思います。

고속버스로 통학하기보다 오히려 학교 근처에서 자취하는 것이 편해요.
高速バスで通学するよりむしろ学校の近くで一人暮らしをするのが楽です。

이 일에 대해서는 오히려 내가 당신한테 물어보려던 참이었습니다.
この件については、むしろ私があなたに聞きたいところです。

이번 일은 상사한테 보고하지 않고 우리끼리 해결한 것이 오히려 잘 된 것 같네요.
この件は上司に報告せず、私たちだけで解決した方がかえって良かったですね。

송별회는 선술집에서 하기보다는 레스토랑에서 하는 것이 오히려 좋지 않을까요?

送別会は居酒屋でするよりはレストランでした方がかえって良いんじゃないですか。

이렇게 잘해주시면 도리어 미안해지네요.

こんなに良くしていただいたら、かえって申し訳ないですね。

はるかにと ずっとは 공통적으로 〈훨씬〉이라는 뜻으로 쓰이지만, はるかに가 ずっと보다 〈훨씬〉의 강도가 아주 커서 놀랄 정도의 표현을 할 때 쓰입니다.

예문)

최근의 휴대 전화는 20년 전의 휴대 전화보다 훨씬 뛰어납니다.

最近の携帯は20年前の携帯よりはるかに優れています。

옛날 가수가 지금 가수보다 훨씬 잘한다고 생각해요.

昔の歌手の方が今の歌手よりはるかに上手だと思います。

나이를 먹으면 먹을수록 도시보다 시골 쪽이 훨씬 매력적으로 느껴지네요.

年を取れば取るほど都会より田舎の方がずっと魅力的に感じますね。

まさに와 すぐ는 둘 다 〈바로〉라는 의미로 쓰이지만, 쓰임은 전혀 다릅니다.

まさに의 〈바로〉는 〈틀림없이〉의 뜻으로 쓰이지만, すぐ의 〈바로〉는 〈곧, 즉시〉의 의미로 쓰입니다.

예문)

방금 요시다 씨가 말한 대답이 바로 정답이었습니다.

さっき吉田さんが言った答えがまさに正解でした。

이 경보가 울리면 바로 정지 버튼을 눌러주세요.

この警報が鳴ったら、すぐ停止ボタンを押してください。

生きていく中で感謝すべきこと
살면서 감사한 것들

우리들은 살아가는 중에 불평불만보다는 감사해야 할 것이 참 많습니다.

私たちは生きていく中で、不平不満よりは感謝しなければならない
ことが実に多いです。

와따시타찌와 이끼데 이꾸 나까데, 후헤 – 후망 요리와 칸샤 시나께레바 나라나이 코또가 지쯔
니 오 – 이데스.

우선은 지구가 하루 한 바퀴 도는 것이 가장 감사한 일이네요. 지구가 매일 한
바퀴 도는 덕분에 낮과 밤이 있으니까요.

まずは地球が1日一回りすることがもっともありがたいことですね。
地球が毎日一回りするおかげで昼と夜がありますからね。

마즈와 치뀨 – 가 이찌니찌 히또 마와리 스루 코또가 못또모 아리가따이 코또데스네. 치뀨 – 가
마이니찌 히또 마와리 스루 오까게데 히루또 요루가 아리마스까라네.

지구가 자전하지 않으면 낮만 몇 달 동안 계속되고, 또 밤만 몇 달 동안 계속되
겠죠.

地球が自転しないと、昼間だけが何ヶ月間も続いて、また夜だけが

何ヶ月間も続くことになるでしょう。

치큐－가 지뗀 시나이또, 히루마 다께가 낭까게즈 깐모 츠즈이떼, 마따 요루 다께가 낭까게즈 깐모 츠즈꾸 코또니 나루데쇼－.

그러면 너무 덥거나 또는 너무 춥거나 해서 지내기 힘들 거라고 생각합니다.

そうしたら暑すぎたり、または寒すぎたりして過ごしにくいと思います。

소－시따라 아쯔스기따리, 마따와 사무스기따리 시떼 스고시 니꾸이또 오모이마스.

또 지구가 태양 주위를 일 년에 한 바퀴 돌기 때문에 사계절을 느낄 수 있습니다.

また地球が太陽のまわりを一年に一回りするので、四季を感じることができます。

마따 치큐－가 타이요－노 마와리오 이찌넨니 히또마와리 스루노데, 시끼오 칸지루 코또가 데끼마스.

그 덕분에 농작물도 자란다고 합니다.

そのおかげで農作物も育つと言われています。

소노 오까게데 노－사꾸부쯔모 소다쯔또 이와레떼 이마스.

지구가 자전하지 않으면 우리들은 굶어 죽어버리겠죠?

地球が自転しないと私たちは飢え死にしてしまうでしょうね。

치큐－가 지뗀시나이또 와따시타찌와 우에지니 시떼 시마우데쇼－네.

그리고 우리가 먹는 모든 음식은 태양이 있어야만 존재할 수 있습니다.

それから、私たちが食べる全ての食べ物は、太陽があってこそ存在

することが出来<ruby>出来<rt>でき</rt></ruby>ます。

소레까라, 와따시타찌가 타베루 스베떼노 타베모노와, 타이요-가 앗떼코소 손쟈이 스루코또가 데끼마스.

달도 역시 감사해야 할 존재입니다.
<ruby>月<rt>つき</rt></ruby>もやはり<ruby>感謝<rt>かんしゃ</rt></ruby>すべき<ruby>存在<rt>そんざい</rt></ruby>です。

츠끼모 야하리 칸샤스베끼 손쟈이데스.

달이 있기 때문에 비로소 밀물과 썰물이 있고 밀물과 썰물이 없다면 지구의 바다는 머지않아 역할을 다 할 수 없게 되겠죠.
<ruby>月<rt>つき</rt></ruby>があるからこそ、<ruby>満<rt>み</rt></ruby>ち<ruby>潮<rt>しお</rt></ruby>と<ruby>引<rt>ひ</rt></ruby>き<ruby>潮<rt>しお</rt></ruby>があり、<ruby>満<rt>み</rt></ruby>ち<ruby>潮<rt>しお</rt></ruby>と<ruby>引<rt>ひ</rt></ruby>き<ruby>潮<rt>しお</rt></ruby>がなければ<ruby>地球<rt>ちきゅう</rt></ruby>の<ruby>海<rt>うみ</rt></ruby>はそのうち<ruby>役目<rt>やくめ</rt></ruby>を<ruby>果<rt>は</rt></ruby>たせなくなるでしょう。

츠끼가 아루까라 코소, 미찌시오또 히끼시오가 아리, 미찌시오또 히끼시오가 나께레바 치뀨-노 우미와 소노우찌 야꾸메오 하따세 나꾸나루 데쇼-.

바다가 그렇게 되면 지구에도 살기 어려워지겠죠.
<ruby>海<rt>うみ</rt></ruby>がそうなれば、<ruby>地球<rt>ちきゅう</rt></ruby>にも<ruby>住<rt>す</rt></ruby>みにくくなるでしょう。

우미가 소-나레바, 치뀨-니모 스미 니꾸꾸 나루데쇼-.

우리들이 평소에 당연하다고 생각하고 있는 것이 실은 정말로 감사해야 하는 것이었습니다.
<ruby>私<rt>わたし</rt></ruby>たちが<ruby>普段当然<rt>ふだんとうぜん</rt></ruby>だと<ruby>思<rt>おも</rt></ruby>っていることが、<ruby>実<rt>じつ</rt></ruby>は<ruby>本当<rt>ほんとう</rt></ruby>に<ruby>感謝<rt>かんしゃ</rt></ruby>すべきことでした。

와따시타찌가 후당 토-젠다또 오못떼 이루 코또가, 지쯔와 혼또-니 칸샤스베끼 코또데시따.

〈の中(なか)で〉와 〈の内(うち)〉는 둘 다 〈~~중에〉라는 뜻이지만, の中(なか)で는 3개 이상 중에서 얘기할 때 쓰이고, の内(うち)는 둘 중에서 얘기할 때 쓰입니다.

예문)

토요일과 일요일 중에 어느 쪽이 좋습니까?
土曜日(どようび)と日曜日(にちようび)の内(うち)どちらがいいですか。

같이 입사한 동기 중에서 남아 있는 것은 저뿐이에요.
一緒(いっしょ)に入社(にゅうしゃ)した同期(どうき)の中(なか)で残(のこ)っているのは私(わたし)だけです。

스페인 요리 중에서 제일 좋아하는 곳은 빠에야예요.
スペイン料理(りょうり)の中(なか)で一番(いちばん)好(す)きなのはパエリヤです。

〈한밤중〉과 〈새벽〉 그리고 〈저녁〉을 의미하는 단어와 〈해가 지다〉라는 표현을 예문과 함께 정리해봅시다.

夜中〈한밤중〉, 夜明け〈새벽녘〉, 夕べ〈저녁〉, 夕方〈저녁〉, 夕暮れ〈저녁〉, 日が暮れる〈해가 지다〉

예문)

여기는 게스트하우스이기 때문에 밤중에는 세탁기를 돌리지 마세요.

ここはゲストハウスだから夜中に洗濯機を回さないでください。

선배는 항상 새벽까지 술을 마시니까 같이 마시면 힘들어요.

先輩はいつも夜明けまでお酒を飲むので一緒に飲むと大変です。

엄마는 저녁 때부터 친구랑 산책하면서 수다를 떠는 것을 좋아해요.

母は夕べから友人と散歩しながらおしゃべりをするのが好きです。

이 가게는 저녁 5시부터 전 예약제로 영업해요.

このお店は夕方5時から全予約制で営業します。

A:황혼족이라는 말을 처음으로 들었는데 어떤 뜻인가요?

A:夕暮れ族という言葉を初めて聞きましたが、どういう意味ですか。

B:최근 중년의 남자와 젊은 여자가 사귀는 경우가 있습니다만, 그런 커플을 말하는 게 아닐까 하고 생각합니다,

B:最近中年の男の人と若い女の人が付き合っている場合がありますが、そういうカップルのことを言っているんじゃないかと思います。

스페인은 해가 지는 시간이 밤 10시였기 때문에 익숙해지기까지 힘들었습니다.

スペインは日が暮れる時間が夜10時だったので慣れるまで大変でした。

몇 개월, 몇 개국어, 몇 군데를 나타낼 때 숫자 뒤에 〈ヶ〉를 넣습니다. 〈ヶ〉는 모양은 가타카나 〈ケ〉의 발음이지만, 여기서는 〈까〉로 발음이 됩니다. 의미는 몇 개월, 몇 개국어, 몇 군데에서의 〈개〉 즉, 〈개수〉를 의미한다고 볼 수 있습니다.

예문)

일본에서 4개월간 일본어학원에 다니면서 아르바이트를 했어요.

日本で四ヶ月間日本語学院に通いながらアルバイトをしました。

그녀는 3개국어를 자유롭게 말할 수 있어서 정말 부러워요.

彼女は三ヶ国語を自由に話せて本当に羨ましいです。

시간이 없으니까 두 군데만 들러봅시다.

時間がないので二ヶ所だけ寄って見ましょう。

たりは 동사와 접속해서 〈~~하기도 하고〉라는 의미로 쓰이는

데 대체로 〈~たり~たりする〉의 형태로 쓰입니다.

예문)

파리에서는 박물관에 가기도 하고 뮤지컬을 보기도 하고 아주 즐거웠어요.

パリでは博物館に行ったりミュージカルを見たりしてとても楽しか

ったんです。

できるは 〈가능하다〉라는 뜻 이외에 〈생기다〉라는 뜻으로 쓰

입니다. 또한 〈생기다〉라는 뜻으로 쓰이는 단어에 生じるが

있는데, 차이점은 できるは 문제(問題), 돈(お金), 여자 친구

彼女, 아이(子供), 시간(時間), 여드름(にきび) 등에 쓰이는

반면, 生じるは 문제(問題), 트러블(トラブル), 곤란(困難), 번

뇌(煩悩), 지장(支障), 현상(現象), 이익(利益) 등에 쓰이는 표현입니다. 生じる가 좀 더 넓은 범위에서 쓰인다고 볼 수 있습니다.

비슷한 표현인 発生する〈발생하다〉는 지진(地震), 태풍(台風), 미납 요금(未納料金), 곤충(虫), 곰팡이(カビ)등이 발생했을 때 쓰이는 표현입니다.

예문)

문제가 생기기 전에 대책을 생각해두는 것이 우리 일입니다.
問題ができる前に対策を考えておくのが私たちの仕事です。

컴퓨터에 문제가 생겨서 서비스 센터에 연락했습니다.
パソコンに問題が生じてサービスセンターに連絡しました。

기혼여성은 아이가 생기지 않으면 주변에서 이것저것 물어봐서 스트레스가 쌓여요.
既婚女性は子どもが出来ないと周りからあれこれ聞かれるので、ストレスがたまります。

거래처하고 트러블이 생겨서 주말출근하게 됐어요.
取引先とトラブルが生じて週末出勤をすることになったんです。

이번에 발생한 태풍의 영향으로 비행기가 지연되었어요.

今回発生した台風の影響で飛行機が遅延しました。

てこそ는 〈~해야만〉이라는 의미로 접속 방법은 〈동사의 て형 +
こそ〉의 형태입니다.

또한 〈명사 + こそ〉의 형태로 쓰이면 〈~~야말로〉라는 뜻으로
쓰이며, からこそ는 から의 강조 표현입니다.

예문)

남동생은 일류 회사에 들어가야만 안심하고 결혼 상대를 찾을 수 있다고 합니다.

弟は一流の会社に入ってこそ安心して結婚相手を探すことができ
ると言っています。

선생님이야말로 바쁘신 와중에 와주셔서 감사합니다.

先生の方こそお忙しいところお越しいただきありがとうございます。

다음이야말로 반드시 합격할 수 있도록 열심히 노력하겠습니다.

今度こそ必ず合格できるように一所懸命頑張ります。

부모님의 지원이 있었기 때문에 지금의 내가 있습니다.

両親のサポートがあったからこそ今の私がいます。

그러우치와 비슷한 의미로 近いうちに(조만간)와 やがて가 있습니다. 이 단어들의 명확한 차이는 모호하기 때문에 예문을 통해서 같이 써도 되는 표현을 묶어서 정리했습니다.

예문)

조만간 차라도 마시면서 일 얘기를 합시다.

近いうちにお茶でも飲みながら仕事の話をしましょう。
=そのうちお茶でも飲みながら仕事の話をしましょう。

그는 가까운 시일에 사표를 내고 고향에 돌아간다고 해요.

彼は近いうちに辞表を出して故郷に帰るそうです。
=彼はやがて辞表を出して故郷に帰るそうです。

범인은 머지않아 다음 타깃을 찾으러 올 것입니다.

犯人はやがて次のターゲットを探しに来ると思います。
=犯人は近いうちに次のターゲットを探しに来ると思います。
=犯人はそのうち次のターゲットを探しに来ると思います。

지금까지 열심히 해온 만큼 얼마 안 있으면 좋은 결과가 나올 거예요.

今まで頑張ってきた分やがていい結果が出るはずです。

=今まで頑張ってきた分近いうちにいい結果が出るはずです。

15과 본문

일본의 의료 제도에 대해서는 잘 모르겠습니다만, 한국에서는 대부분의 사람이 국민건강보험에 가입하고 있습니다.

にほん　いりょうせいど　　　　　　　　　　　　　　わ　　　　　　　　　　　　かんこく
日本の医療制度についてはよく分かりませんが、韓国ではほとんど
ひと　こくみんけんこうほけん　かにゅう
の人が国民健康保険に加入しています。

니혼노 이료－ 세－도니 쯔이떼와 요꾸 와까리마셍가, 캉꼬꾸데와 호똔도노 히또가 코꾸민 켕꼬－ 호껜니 카뉴－ 시떼 이마스.

회사원은 직장에서 보험에 가입하고, 직장이 없는 사람은 개인적으로 보험에 가입합니다.

かいしゃいん　しょくば　　ほけん　かにゅう　　　　　しょくば　　　　ひと　こじんてき　　ほけん
会社員は職場で保険に加入して、職場がない人は個人的に保険に
かにゅう
加入します。

카이샤잉와 쇼꾸바데 호껜니 카뉴－ 시떼, 쇼꾸바가 나이 히또와 코진떼끼니 호껜니 카뉴－ 시마스.

하지만, 국민건강보험만으로는 모든 의료비를 보장해주지 않습니다.

こくみんけんこうほけん　　　　　　　すべ　　いりょうひ　　ほしょう
しかし、国民健康保険だけでは全ての医療費を保証してくれませ

ん。

시까시, 코꾸민 켕꼬 - 호껜 다께데와 스베떼노 이료 - 히오 호쇼 - 시떼 쿠레마셍.

그 때문에 별도 보험에 가입하는 경우가 많습니다.

そのため、別途保険に加入するケースが多いです。

소노타메, 벳또 호껜니 카뉴 - 스루 케 - 스가 오 - 이데스.

저도 국민건강보험 이외에 개인적으로 다른 혜택이 있는 보험에 가입해 있습니다.

私も国民健康保険以外に個人的に他の特典がある保険に加入しています。

와따시모 코꾸민 켕꼬 - 호껭 이가이니 코진떼끼니 호까노 토꾸뗀가 아루 호껜니 카뉴 - 시떼 이마스.

사람에 따라서는 5개의 보험에 가입해 있다고 합니다.

人によっては五つの保険に加入しているそうです。

히또니 욧떼와 이쯔쯔노 호껜니 카뉴 - 시떼 이루 소 - 데스.

중요한 건 국민건강보험은 가족 중에서 한 사람만 가입해 있어도 가족 전체에게 혜택이 있습니다만, 다른 보험은 한 사람씩 별도 가입하지 않으면 안 되기 때문에 경제적인 부담이 늘어납니다.

重要なのは、国民健康保険は家族の中で1人だけ加入していても家族全員に特典がありますが、他の保険は一人ずつ別途加入しなければならないので金銭的な負担が増えます。

쥬－요－나노와, 코꾸민 켕꼬－ 호껭와 카죠꾸노 나까데 히또리다께 카뉴－ 시떼 이떼모 카죠꾸 젱잉니 토꾸뗀가 아리마스가, 호까노 호껭와 히또리즈쯔 벳또 카뉴－ 시나께레바 나라나이노데 킨센데끼나 후딴가 후에마스.

저는 아내와 딸과 저의 보험료를 매달 지불하고 있습니다만, 금액이 대략 25만 원 정도입니다.

私は妻と娘と私の保険料を毎月払っているんですが、金額が大体 2 5 万ウォンぐらいです。

와따시와 쯔마또 무스메또 와따시노 호껭료－ 오 마이쯔끼 하랏떼 이룬데스가, 킹가꾸가 다이따이 니쥬－고망웡 구라이데스.

거기에 국민건강보험까지 합하면 30만 원을 넘습니다.

それに国民健康保険まで合わせると 3 0 万ウォンを超えるんです。

소레니 코꾸민 켕꼬－ 호껭 마데 아와세루또 산쥬－ 망웡오 코에룬데스.

그렇지만 평생 큰 병에 걸리지 않으면 매달 지불하는 보험료가 너무나도 아깝네요.

しかし、一生重い病気にかからなかったら、毎月払う保険料があまりにももったいないですよね。

시까시, 잇쇼－ 오모이 뵤－끼니 카까라 나깟따라, 마이쯔끼 하라우 호껭료－ 가 아마리니모 못따이나이데스요네.

그렇다고 꼭 큰 병에 걸리기를 바라고 있는 것은 아닙니다.

だからといって重い病気にかかることを望んでいる訳ではありません。

다까라또 잇떼 오모이 뵤-끼니 카까루 코또오 노죤데 이루 와께데와 아리마셍.

보험료를 지불하면 아깝고, 지불하지 않으면 불안하고, 정말 난감한 일입니다.

保険料を払うともったいないし、払わないと不安だし、本当に困った
ことです。

호껜료-오 하라우또 못따이나이시, 하라와나이또 후안다시, 혼또-니 코맛따 코또데스.

그래도 열심히 돈을 벌어서 보험료를 지불하지 않으면 안 되겠네요.

それでも一所懸命お金を稼いで保険料を払わないといけないです
ね。

소레데모 잇쇼 켄메-오까네오 카세이데 호껜료-오 하라와나이또 이께나이데스네.

참고로 어떤 보험은 나중에 만기가 되면 일부를 돌려받을 수 있다고 합니다.
그렇게 하면 저금하는 것 같아서 좋겠네요.

参考までに、ある保険はあとで満期になると一部を返してもらえる
そうです。そうすれば貯金するみたいでいいですよね。

상꼬-마데니, 아루 호껭와 아또데 망끼니 나루또 이찌부오 카에시떼 모라에루 소-데스.
소-스레바 쵸낑스루 미따이데 이이데스요네.

〈について〉는 어떤 내용에 대해서 얘기할 때 쓰이는 표현이고,

〈に対して〉는 대상에 대해서 또는 그 자체에 대해서 얘기할 때

쓰입니다.

예문)

최근 당뇨병에 걸리는 사람이 늘어나고 있기 때문에 오늘은 당뇨병에 걸리는
원인에 관해서 이야기해봅시다.

最近 糖尿病になる人が増えているので今日は糖尿病になる

原因について話しましょう。

이번 최고재판소의 판결에 관해 납득이 안 되는 것이 있다면 질문해 주세요.

今回の最高裁判所の判決について納得できないことがあったらご

質問ください。

대부분의 사람들이 이번 최고재판소의 판결에 대해 불만을 가지고 있는 것 같
습니다.

ほとんどの人が今回の最高裁判所の判決に対して不満を持ってい

るようです。

그는 암에 걸리기 전에는 한번도 목숨에 대해 생각해본 적이 없다고 합니다.

彼は癌になる前は一度も命に対して考えたことがないそうです。

범죄자에 대해서도 인권을 존중해야 한다고 하는 사람이 늘어나고 있습니다.

犯罪者に対しても人権を尊重すべきだという人が増えています。

分かる와 知る는 둘 다 〈알다〉라는 뜻으로 쓰이지만, 分かる는
〈~~을 이해하다〉라는 의미가 강하고, 知る는 〈(어떤 사실)을 알
다〉라는 의미로 많이 쓰입니다.

예문)

이 수학 공식이 이해되지 않아서 선배로부터 가르쳐 받았습니다(가르침을 받
았습니다).

この数学の公式が分からなくて先輩に教えていただきました。

이 건물은 밤 9시 이후부터 남성은 출입 금지라는 것을 전혀 몰랐습니다.

この建物は夜9時以後から男性は立ち入り禁止だということを全く
知らなかったんです。

保険に加入する〈보험에 가입하다〉와 비슷한 표현으로 保険に入る〈보험에 들다〉가 있습니다.

예문)

렌터카를 빌릴 때 동승자보험에 가입해 있지 않기 때문에 운전은 혼자서 하도록 부탁합니다.

レンタカーを借りる時、同乗者保険に加入していないので運転はお一人でお願いします。

＝レンタカーを借りる時、同乗者保険に入っていないので運転はお一人でお願いします。

負担に感じる〈부담으로 느끼다〉이고, 重荷に感じる〈짐으로 느끼다〉라는 뜻으로 둘 다 보통 〈부담스럽게 느끼다〉로 해석하면 됩니다.

예문)

저를 부담스럽게 느끼고 있다면 저는 이 팀으로부터 빠지겠습니다.

私のことを重荷に感じているなら私はこのチームから抜けます。

＝私のことを負担に感じているなら私はこのチームから抜けます。

病気にかかる〈직역: 병에 걸리다〉와 病気になる〈직역: 병이 되다〉는 같은 뜻으로 쓰입니다.

예문)

미국에 유학했지만, 할아버지가 중병에 걸려서 일단 귀국했어요.

アメリカに留学したんですけど祖父が重い病気にかかって、とりあえず帰国しました。

=アメリカに留学したんですけど祖父が重い病気になって、とりあえず帰国しました。

望む와 願う는 둘 다 〈바라다〉라는 의미입니다. 그런데 장래 희망에 대해서는 둘 다 같이 쓰는 편이지만, 望む가 비교적 현실적인 것에 대해 바라는 반면, 願う는 좀 더 스케일이 크며, 현실 가능성이 떨어지는 이상적 바람을 할 때 쓰인다고 볼 수 있습니다.

예문)

이 비즈니스를 성공시켜서 세계적으로 유명해지는 것을 바라고 있습니다.

このビジネスを成功させて世界的に有名になることを望んでいます。

=このビジネスを成功させて世界的に有名になることを願っています。

나는 이 결혼을 바라고 있지 않지만 부모님은 어떻게든 결혼해 주었으면 한다고 말하고 있습니다.

私はこの結婚を望んでいないが、両親はどうしても結婚してほしいと言っています。

여러 해 바라던 꿈이 이루어져서 정말 기뻐요.

長年願った夢が叶って本当に嬉しいです。

이 세계로부터 전쟁이 사라지는 것을 바라고 있습니다.

この世界から戦争がなくなることを願っています。

〈명사 + になる〉와 〈명사 + となる〉는 둘 다 〈~~이 되다〉라는 뜻으로 거의 비슷하지만, 보통 변화를 나타내는 상황에서는 〈명사 + になる〉를 쓰고 시간상 정해져 있는 상황에서는 비교적 〈명사 + となる〉를 쓴다고 볼 수 있습니다. 특히, 서비스업에서 (〈시간이〉~~로 되어 있습니다)라고 쓰일 때 비교적 〈~~となっております〉를 많이 씁니다.

또한 문장 앞에 〈막상〉이라는 〈いざ〉가 오면 〈となると〉를 쓰는
편입니다.

예문)

의사가 되기 위해서 독일에 유학을 가게 되었습니다.

医者になるためにドイツに留学をすることになりました。

운동을 시작하고나서 몸이 건강해진 것 같아요.

運動を始めてから体が健康になった気がします。

크리스마스가 되면 매년 아시아호텔에서 파티를 거행하고 있습니다.

クリスマスとなると毎年アジアホテルでパーティを行なっています。

지금 준비 중으로 되어 있습니다.(준비 중입니다.)

ただいま準備中となっております。

이 가게의 영업 시간은 밤 10시까지로 되어 있습니다.

この店の営業時間は夜10時までとなっております。

기대하고 있던 혼자가는 여행입니다만, 막상 출발하게 되니 긴장이 됩니다.

楽しみにしていたひとり旅ですが、いざ出発となると緊張してきまし

た。

우리 대학교에서 참가할 수 있는 동아리는 3개까지로 정해져 있어요.

うちの大学で参加できるサークルは３つまでとなっています。

返す는 〈돌려주다〉이고 貸す는 〈빌려주다〉 그리고 借りる는 〈빌리다〉입니다. 이 3개의 동사가 あげる, くれる, もらう와 짝을 이뤄서 다양한 표현들이 만들어집니다. 표현의 정리는 아래와 같습니다. 참고로 返す와 발음이 같은 帰す는 〈돌려보내다〉라는 뜻입니다. 예문를 통해 알아봅시다.

貸してくれる (나에게)빌려주다,   貸してあげる (남에게)빌려주다

借りる   빌리다,   返してもらう 돌려 받다

返してあげる (남에게)돌려주다, 返してくれる (나에게)돌려주다

返してもらう (남에게)돌려받다, 帰す   돌려 보내다.

예문)

다나카 씨는 자기 차를 아주 소중히 여기기 때문에 절대로 빌려주지 않을 거라고 생각합니다만.

田中さんは自分の車をすごく大事にするから、絶対貸してくれないと思いますが。

제 코드를 빌려주었지만 사이즈가 안 맞아서 돌려받았습니다.

私のコートを貸してあげたけどサイズが合わなくて返してもらいました。

이번에는 선배의 도움을 빌리지 않고 혼자서 해결해볼게요.

今回は先輩の手を借りないで一人で解決して見ます。

남동생의 지난달의 카드값은 제가 갚아줬는데 이번 달에 또 카드를 쓴 것 같아요.

弟の先月のカード代は私が返してあげたのに今月またカードを使った見たいです。

사이토 씨에게 책을 빌려 드리고 나서 1년이나 지났는데도, 아직 돌려주지 않습니다.

斉藤さんに本を貸してあげてから一年も過ぎたのにまだ返してくれないです。

이시다 씨에게 돈을 빌려주면 절대로 돌려받을 수 없습니다.

石田さんにお金を貸してあげたら絶対返してもらえないですよ。

애들은 집에 돌려보내고 우리는 조금 더 마십시다.

子ども達は家に帰して私たちはもう少し飲みましょう。

〈형용사 + みたいだ〉는 〈형용사 + ようだ〉의 구어체로서 〈형용사 + らしい〉와 함께〈~~ 같다〉이지만, 〈형용사 + らしい〉가 좀 더 구체적인 확신을 가지고 추측하는 느낌이 있습니다.

예문)

지금 북해도는 17도로 시원한 것 같습니다.

今北海道は17度で涼しいようです。

남동생은 운동을 시작하고 나서 컨디션이 좋은 것 같아요.

弟は運動を始めてから調子がいいみたいなんです。

이 카페는 평판이 좋은 것 같아요.

こちらのカフェは評判がいいらしいです。

スピード違反
과속 운전

운전할 때는 앞 차와의 안전한 거리 확보가 정말 중요하다고 생각합니다.

運転する時は、前の車との安全な距離の確保が本当に重要だと思います。

운뗀스루 토끼와, 마에노 쿠루마또노 안젠나 쿄리노 카꾸호가 혼또 – 니 쥬 – 요 – 다또 오모이마스.

얼마 전 평일에 고속도로에서 갑자기 정체되고 있어서 혹시 사고가 일어난 건 아닌가 하고 생각하고 있었더니, 역시 다중 충돌 사고가 있었습니다.

少し前、平日に高速道路で突然渋滞していて、もしかして事故が起きたんじゃないかと思っていたら、やっぱり多重事故がありました。

스꼬시 마에, 헤 – 지쯔니 코 – 소꾸 도 – 로데 토쯔젠 쥬 – 따이 시떼 이떼, 모시까시떼 지꼬가 오끼딴 쟈나이까또 오못떼 이따라, 얏빠리 타쥬 – 지꼬가 아리마시따.

사고를 일으킨 5대 전부가 고가의 차였고, 그중에 3대는 스포츠 모드 버튼이 있는 외제차 같았습니다.

事故を起こした五台全部が高価な車で、そのうちの三台はスポーツ

モードのボタンがある<ruby>外車<rt>がいしゃ</rt></ruby>のようだったんです。

지꼬오 오꼬꼬시따 고다이 젠부가 코－까나 쿠루마데, 소노 우찌노 산다이와 스포－쯔 모－도노 보탕가 아루 가이샤노 요－닷딴데스.

스포츠 모드 버튼을 누르고 액셀을 밟으면 엄청난 속도로 달리게 되죠.

スポーツモードのボタンを<ruby>押<rt>お</rt></ruby>してアクセルを<ruby>踏<rt>ふ</rt></ruby>めば、ものすごいスピードで<ruby>走<rt>はし</rt></ruby>ることになるでしょう。

스포－쯔 모－도노 보탕오 오시떼 아꾸세루오 후메바, 모노스고이 스피－도데 하시루 코또니 나루데쇼－.

그렇게 하면 앞차와의 간격이 좁아져버립니다.

そうすると、<ruby>前<rt>まえ</rt></ruby>の<ruby>車<rt>くるま</rt></ruby>との<ruby>間隔<rt>かんかく</rt></ruby>が<ruby>狭<rt>せま</rt></ruby>くなってしまいます。

소－스루또, 마에노 쿠루마또노 캉까꾸가 세마꾸 낫떼 시마이마스.

그때 앞차가 실수로 갑자기 속도를 줄이면 바로 사고로 이어집니다.

その<ruby>時<rt>とき</rt></ruby>、<ruby>前<rt>まえ</rt></ruby>の<ruby>車<rt>くるま</rt></ruby>がミスで<ruby>突然<rt>とつぜん</rt></ruby>スピードを<ruby>落<rt>お</rt></ruby>としたら、すぐ<ruby>事故<rt>じこ</rt></ruby>につながります。

소노 토끼, 마에노 쿠루마가 미스데 토쯔젠 스피－도오 오또시따라, 스구 지꼬니 츠나가리마스.

실은 아무리 속도를 낸다고 해도 도착 시간은 20분 정도밖에 변하지 않습니다.

<ruby>実<rt>じつ</rt></ruby>は、いくらスピードを<ruby>出<rt>だ</rt></ruby>していたとしても、<ruby>到着時間<rt>とうちゃくじかん</rt></ruby>は<ruby>20分<rt>にじゅっぷん</rt></ruby>ぐらいしか<ruby>変<rt>か</rt></ruby>わらないんです。

지쯔와, 이꾸라 스피－도오 다시떼 이따 또시떼모, 토－쨔꾸 지깡와 닛줏뿐 구라이시까 카와라 나인데스.

20분에 자신의 목숨을 거는 것은 너무나도 어리석지 않습니까?

２０分に自分の命を掛けるのはあまりにも愚かじゃないですか。

니쥿뿐니 지분노 이노찌오 카께루노와 아마리니모 오로까쟈나이데스까.

실은 저도 옛날에 속도를 즐긴 적이 있습니다.

実は私も昔スピードを楽しんだことがあります。

지쯔와 와따시모 무까시 스피－도오 타노신다 코또가 아리마스.

시간이 없어서 빨리 가고 싶다라기보다는 그냥 눈에 띄고 싶은 것과 자신의 운전 실력을 과시하고 싶어서 속도위반을 했습니다만, 그것은 무의미한 행동이라는 것을 알게 되었습니다.

時間がなくて早く行きたいというよりは、ただ目立ちたいのと自分の運転の実力を見せつけたくてスピード違反をしましたが、それは無意味な行動であると気づきました。

지깡가 나꾸떼 하야꾸 이끼따이 또이우 요리와, 타다 메다찌따이노또 지분노 운뗀노 지쯔료쿠오 미세쯔께따꾸데 스피－도 이항오 시마시따가, 소레와 무이미나 코－도－ 데아루또 키즈끼마시따.

지금은 결혼해서 아이까지 있기 때문에 더 이상 속도위반을 해서는 안 되겠네요.

今は結婚して子どもまでいるので、これ以上スピード違反をしてはいけませんね。

이마와 켓꼰시떼 코도모마데 이루노데, 코레 이죠－ 스피－도 이항오 시떼와 이께마센네.

속도를 너무 내면 기름도 빨리 없어지고, 수명도 단축됩니다.

スピードを出しすぎたらガソリンもはやくなくなるし、寿命も短くなります。

스피 – 도오 다시스기따라 가소린모 하야꾸 나꾸나루시, 쥬묘 – 모 미지까꾸 나리마스.

고속도로에서는 항상 100킬로미터로 달리고, 차간거리는 100미터 이상 둡시다.

高速道路では常に100キロで走って、車間距離は100メートル以上あけましょう。

코 – 소꾸 도 – 로데와 츠네니 햐꾸키로데 하싯떼, 샤깐 쿄리와 햐꾸 메 – 토루 이죠 – 아께마쇼 – .

16과 문법

重要だ〈중요하다〉와 비슷한 표현으로 大事だ(소중하다, 중요하다), 大切だ(소중하다, 중요하다), 肝心だ(긴요하다, 중요하다)가 있습니다. 그런데 肝心だ는 肝心に라고는 거의 쓰지 않고, 肝心な時, 肝心なこと라는 식의 표현으로 자주 쓰이며, 肝心な人와 같이 사람에게는 쓰지 않습니다.

예문)

한번 수술을 하고 나서 건강이 정말 중요하다고 생각하게 됐어요.

一度手術をしてから健康が本当に大事だと思うようになりました。

이건 할머니께 받은 만년필이기 때문에 소중하게 쓰고 있어요.

これはおばあちゃんからいただいた万年筆なので大切に使っています。

비즈니스에서는 약속을 지키는 것이 제일 중요한 일이에요.

ビジネスでは約束を守るのが一番肝心なことです。

思うは 막연하게 〈~~을 생각하다〉라는 뜻이지만, 考 えるは 구체적으로 계획을 세우거나 계산을 하면서 〈~~을 생각하다〉라는 뜻을 가지고 있습니다.

예문)

영어를 더 잘했으면 좋겠다고 생각합니다.

英語がもっと上手になったらいいなぁと思います。

이 문제의 해결책을 다음 주 월요일까지 생각해오세요.

この問題の解決策を来週の月曜日まで考えて来てください。

아무리 생각해도 합계가 맞지 않아서 몇 번이나 계산을 반복하고 있습니다.

いくら考えても合計が合わなくて、何度も計算を繰り返しています。

平日와 관련된 단어들을 예문과 함께 알아봅시다.

休日는 休みの日와 같은 의미로 주말을 포함해서 회사에서

근무 중 쉬는 날도 포함합니다. 週末는 토요일, 일요일을 의미

하고, 祝日는 국가가 정한 경축일을 의미합니다.

예문)

나는 지금 무직이기 때문에 평일이나 주말이나 상관없이 아르바이트가 가능합니다.

私はいま無職なので平日も週末も関係なくアルバイトができます。

휴일이 되면 시간이 빨리 흐르는 것 같은 느낌이 듭니다.

休日になると時間が早く流れるような気がします。

괜찮으시면 주말에 같이 영화를 볼까요?

良かったら週末に一緒に映画を見ましょうか。

쉬는 날은 아내와 등산하러 가고 있어요.

休みの日は妻と山登りに行っています。

국경일이 일요일이면 그다음 날도 (쉬게해서 〈내가〉받아도 좋습니까?) 쉬어도 될까요?

祝日が日曜日だったら次の日も休ませてもらってもいいですか。

突然(돌연, 갑자기)와 비슷한 표현으로 いきなり(느닷없이), 急に(갑자기)가 있습니다. 단, 突然이 사건이나 일이 일어난 시간적 간격이 짧다고 볼 수 있습니다.

예문)

돌연(갑자기) 정전이 되어서 곤란해 하고 있습니다.

突然停電になって困っています。

밤중에 느닷없이 전화를 걸면 실례예요.

夜中にいきなり電話をかけたら失礼ですよ。

초저가 티켓이 있었기 때문에 갑자기 뉴욕여행에 가게 됐어요.

激安チケットがあったので急にニューヨーク旅行に行くことになりました。

〈사고가 나다〉라는 뜻으로 쓰이는 표현에 事故が起きる〈사고가 일어나다〉, 事故に遭う〈사고를 만나다〉, 事故になる〈사고가 되다〉가 있습니다. 〈사고를 일으키다〉에는 事故を起こす〈사고를 일으키다〉가 있습니다. 참고로 〈사고가 나다〉에서 事故がある라는 표현은 쓰지 않지만, 간혹 이 표현을 쓰는 경우가 드물게 있습니다.

예문)

저녁 시간대는 사고를 당하는 확률이 높다고 합니다.

夕方の時間帯は事故に遭う確率が高いと言われています。

해외여행 중에 사고가 나면 먼저 여행사의 콜센터로 연락 주세요.

海外旅行中に事故が起きたら、まず旅行社のコールセンターにご連絡ください。

고속도로에서는 차간거리를 지키면 사고가 생길 가능성은 낮습니다.

高速道路では車間距離を守れば事故になる可能性は低いんです。

음주운전일 경우 사고를 일으켜도 모르는 채로 가버리는 경우가 있어요.

飲酒運転の場合は事故を起こしても気がつかないまま行ってしまうケースがあります。

죄송합니다. 방금 사고를 일으켜버려서 약속 시간에 맞게 갈 수 없을 것 같습니다만,

すみません。さっき事故を起こしてしまって、約束時間に間に合いそうにないですが。

掛ける를 이용한 여러 가지 숙어를 알아봅시다.

鍵を掛ける　　熱쇠를 잠그다

眼鏡を掛ける　안경을 쓰다

迷惑を掛ける　민폐를 끼치다

예문)

가게 문을 닫은 후 열쇠를 잠갔는지 안 잠갔는지 반드시 둘이서 확인해주세요.

閉店後鍵を掛けたかどうか必ず二人で確認してください。

안경을 쓰고 있을 때는 분위기가 다르네요.

眼鏡を掛けている時は雰囲気が違いますね。

더 이상 폐를 끼치지 말아주세요.

これ以上迷惑を掛けないでください。

〈実力〉는 〈실력〉이라는 뜻으로 비슷한 의미로 腕〈솜씨, 실력〉

이 있습니다. 각각 쓰이는 부분이 다른데, 腕는 단어 자체도 손

이라는 뜻이기 때문에 손으로 하는 것에 쓰이는데, 料理の腕

(요리 솜씨), 腕の良い医師 (의사), 病院 (병원), 翻訳家 (번역

가), 美容師 (미용사), 歯医者さん (치과 의사), バーテンダー (바

텐더) 등과 같이 손으로 하는 것에 쓰이고, 実力는 実力のあ

る歌手 (가수), バンドグループ (밴드 그룹), 声優 (성우), サッカ

ー選手 (축구 선수), カウンセラー (카운셀러), 政治家 (정치가),

社員 (사원) 등과 같이 손만이 아니라 입이나 다리 몸 전체를 써

서 하는 것에 쓰입니다.

예문)

그 카운슬러의 실력은 누구나가 인정하고 있습니다.

あのカウンセラーの実力は誰もが認めています。

요리교실에 다니고 있는 덕분에 요리 솜씨가 올라갔습니다(늘어났습니다).

料理教室に通っているお陰で料理の腕が上がりました。

なくなる는 사물이나 식물이 사라지는 것이고, いなくなる는

사람이나 동물이 사라지는 것을 말합니다.

예문)

화장실에 갔다 왔더니 테이블 위에 놔둔 노트북이 사라져 있었습니다.

トイレに行って来たらテーブルの上に置いてあったノートパソコン

がなくなっていました。

공원에서 놀고 있던 아이가 없어져서 엄청 놀랐습니다.

公園で遊んでいた子どもがいなくなってびっくりしました。

〈常に〉와 같은 뜻으로 〈いつも〉가 있는데, 〈常に〉는 〈늘상 어

떤 상태에 있는 것〉을 말할 때 쓰이고, 〈いつも〉는 늘상은 아니

지만, 〈어떤 상황이 되면 반드시 그렇게 하는 것〉을 말할 때 쓰

입니다. 그리고 항상 신세를 지고 있는 것을 표현할 때나, 감사

함을 표현할 때는 〈いつも〉를 씁니다. 참고로 普段은 〈평소〉라

는 뜻입니다.

예문)

늘상 일본에 가고 싶다고 생각하면서 생활하고 있습니다.

常に日本に行きたいなと思いながら生活しています。

대학 시절에는 학비를 벌기 위해서 항상 아르바이트를 열심히 했습니다.

大学時代は学費を稼ぐために常にアルバイトを頑張っていました。

나는 아침에 일어나면 맨 먼저 따뜻한 물을 마십니다.

私は朝起きたらいつも真っ先に温かい水を飲みます。

항상 가게에 와주셔서 감사합니다.

いつもご来店いただきありがとうございます。

항상 신세 지고 있습니다.

いつもお世話になっております。

그는 평소에는 조용한 사람인데 술을 마시면 난폭해져요.

彼は普段は静かな人ですがお酒を飲むと乱暴になります。

〈開ける〉는 〈(문을) 열다〉라는 뜻이고, 〈空ける〉는 〈(집을) 비우다〉라는 뜻이며, 〈明ける〉는 〈(날이) 새다, 밝아지다〉라는 뜻으로 발음은 같지만, 뜻이 전혀 다른 동음이의어입니다.

예문)

창문을 열고 공기를 환기시켜주세요.

窓を開けて空気を入れ替えてください。

집을 비운 채로 어디에 가셨어요?

家を空けたままどこに行ったんですか。

날이 밝으면 신사에 가서 새해 인사를 올립시다.

夜が明けたら神社に行って新年のご挨拶をしましょう。

17과 본문

우리들의 일상생활 속에 소지품은 꽤 필요한 느낌이 듭니다. 저의 경우 여름에는 이마에 자주 땀을 흘리기 때문에 손수건이 반드시 필요합니다.

私たちの日常生活の中で、所持品は結構必要な気がします。私の場合、夏は額によく汗を掻くのでハンカチが必ず必要です。

와따시따찌노 니찌죠 - 세 - 까쯔노 나까데, 쇼지힝와 켓꼬 - 히쯔요요 - 나 키가 시마스. 와따시노 바아이, 나쯔와 히따이니 요꾸 아세오 카꾸노데 항까치가 카나라즈 히쯔요 - 데스.

반대로 겨울에는 추우니까 장갑과 귀까지 덮는 모자 그리고 목도리는 없어서는 안 되는 귀중한 소지품입니다.

逆に冬は寒いので、手袋と耳まで覆う帽子、そしてマフラーはなくてはならない貴重な所持品です。

갸꾸니 후유와 사무이노데, 테부꾸로또 미미마데 오 - 우 보 - 시, 소시떼 마후라 - 와 나꾸떼와 나라나이 키쬬 - 나 쇼지힝데스.

안경을 끼는 사람은 안경 닦이가 필수품입니다. 렌즈를 자주 닦으면 시야가 밝아져서 기분도 상쾌해집니다.

メガネをかける人はメガネ拭きが必需品です。レンズをしょっちゅう拭くと視野が明るくなって気分もすっきりします。

메가네오 카께루 히또와 메가네 후끼가 히쯔쥬힝데스. 렌즈오 숏쮸 – 후꾸또 시야가 아까루꾸 낫떼 키분모 슷끼리 시마스.

차키와 지갑 그리고 휴대폰도 기본적인 필수품입니다.

車のキーと財布、そしてケータイも基本的な必需品です。

쿠루마노 키 – 또 사이후, 소시떼 케 – 따이모 키혼떼끼나 히쯔쥬힝데스.

그런데 최근 가끔 지갑을 놔둔 채로 외출할 때가 있습니다.

ところが、最近たまに財布を置き忘れたまま外出する時があります。

토코로가, 사이낑 타마니 사이후오 오끼 와스레따 마마 가이슈쯔 스루 토끼가 아리마스.

왜냐하면 지금은 거의 모든 결제가 휴대폰으로 가능하기 때문입니다.

なぜなら、今はほとんど全ての支払いがケータイでできるからです。

나제나라, 이마와 호똔도 스베떼노 시하라이가 케 – 따이데 데끼루 까라데스.

휴대폰으로 현금인출기의 출금까지 가능하게 되었으니까요.

ケータイでATMの引き出しまで可能になりましたからね。

케 – 따이데 에 – 띠 – 에무노 히끼다시마데 카노 – 니 나리마시따 까라네.

또 최근의 휴대폰은 배터리의 교환이 불가능한 제품이 많아서 보조 배터리와 충전기도 필수품입니다.

また最近のケータイは、バッテリーの交換ができない製品が多く

て、モバイルバッテリーと充電器も必需品です。

마따 사이낑노 케－따이와, 밧떼리－노 코－깡가 데끼나이 세－힝가 오－꾸떼, 모바이루 밧떼리－또 쥬－덴끼모 히쯔쥬힝데스.

또 저의 소중한 필수품인 블루투스도 반드시 가지고 다닙니다. 양손이 자유로운 상태에서 통화가 가능하다는 것은 상당히 시간 절약이 됩니다.

また私の大切な必需品であるブルートゥースも、必ず持ち歩いています。両手が自由な状態で通話ができるというのは、かなり時間の節約になります。

마따 와따시노 타이세쯔나 히쯔쥬힝 데아루 브루－투－스모, 카나라즈 모찌아루이떼 이마스. 료－테가 지유－나 죠－따이데 츠－와가 데끼루 또이우노와, 카나리 지깐노 세쯔야꾸니 나리마스.

그리고 요즘 스카프에도 빠져 있어서 외출할 때는 항상 스카프를 목에 두르고 나갑니다.

そして、このごろスカーフにもはまっていて、外出する時はいつもスカーフを首にまいて出かけています。

소시떼, 코노고로 스카－후니모 하맛떼 이떼, 가이슈쯔스루 토끼와 이쯔모 스까－후오 쿠비니 마이떼 데까께떼 이마스.

물티슈나 휴지도 꽤 중요한 필수품이죠. 가끔 화장실에 화장지가 없는 경우도 있으니까요.

ウェットティッシュやティッシュも結構重要な必需品です。たまにトイレにトイレットペーパーがない場合もありますからね。

웻또 팃슈야 팃슈모 켓꼬－쥬－요－나 히쯔쥬힝데스. 타마니 토이레니 토이렛또 페－파－가 나이 바아이모 아리마스까라네.

갑작스러운 출장이 많은 사람은 치약이나 칫솔 그리고 속옷이나 양말을 평소부터 가방 안에 넣어 둔다고 합니다.

急な出張が多い人は、歯磨き粉や歯ブラシ、そして下着や靴下を普段からカバンの中に入れておくそうです。

큐－나 슛쬬－가 오－이 히또와, 하미가끼꼬야 하브라시, 소시떼 시따기야 쿠쯔시따오 후당까라 카방노 나까니 이레떼 오꾸 소－데스.

100엔샵에 가보면 새로운 물건이 점점 늘어나고 있습니다. 사람은 진화하면 할수록 필요한 물건이 점점 많아지고 있는 것 같습니다.

100円ショップに行ってみると、新しい物がどんどん増えています。人は進化すればするほど、必要な物がだんだん多くなっているようです。

하꾸엔 숏뿌니 잇떼 미루또, 아따라시－ 모노가 돈돈 후에떼 이마스. 히또와 신까 스레바 스루호도, 히쯔요－나 모노가 단단 오－꾸 낫떼 이루 요－데스.

17과 문법

掻くラという 동사는 여러 가지 단어와 합해져서 활용이 됩니다. 〈汗を掻く〉는 〈땀을 흘리다.〉, 〈頭を掻く〉는 〈머리를 긁다〉, 〈恥を掻く〉는 〈창피를 당하다〉, 〈いびきを掻く〉는 〈코를 골다〉와 같이 다양한 표현에 쓰입니다. 예문과 함께 알아봅시다.

예문)

폭염이 계속되고 있기 때문에 에어컨을 켜도 계속 땀을 흘리고 있습니다.

猛暑が続いているのでエアコンをつけてもずっと汗を掻いています。

そ는 문제를 풀 때는 머리를 긁는 습관이 있어요.

彼は問題を解く時は頭を掻くクセがあります。

사회의 문(남자의 바지 앞지퍼)이 열려 있는데도 알아차리지 못해서 창피를 당해버렸습니다.

社会の窓が開いているのに気が付かなくて恥を掻いてしまいました。

코를 골면 애들이 깨니까 저는 거실에서 잘게요.

いびきを掻いたら子ども達が起きるから僕はリビングで寝ます。

必ず, 是非, きっとは 모두 사전에 〈꼭, 반드시〉라는 뜻으로 나와 있지만, 是非 뒤에는 보통 〈~~てください, お願いします〉와 같은 부탁의 표현이 많이 나오고, きっと 뒤에는 〈でしょう, だろう, と思います〉와 같은 추측의 표현들이 많이 옵니다. 그

이외에는 必ず를 쓰면 됩니다.

예문)

여기의 팥빙수는 꼭 한번 드셔봐주세요.

ここのかき氷は是非一度召し上がって見てください。

이번에는 반드시 붙을 거라고 생각해요.

今回はきっと受かると思います。

〈から〉, 〈だから〉, 〈ので〉, 〈なので〉의 용법에 대해 알아봅시다.

예문)

여성과 아이부터 우선적으로 피난시켜주세요

女性と子どもから優先的に避難させてください。〈명사 + から〉〈~~부터〉

이건 20대 여성으로부터 사랑 받고 있는 인기 메뉴입니다.

これは２０台の女性から愛されている人気のメニューです。〈명사 + から〉〈~~로부터〉

멋진 남성으로부터 명함을 받고 긴장했습니다만 다단계였어요.

素敵な男性から名刺をいただいて緊張しましたがマルチ商法でした。〈명사 + から〉〈~~로 부터〉

여성이기 때문에 고용 안 한다는 건 있을 수 없는 일이네요.

女性だから雇用しないってありえないことですね。〈명사 + だから〉〈~~이기 때문에〉

이 근처는 저녁은 어둡기 때문에 걷지 않고 버스로 돌아가고 있어요.

ここら辺は夜は暗いから歩かないでバスで帰っています。〈형용사 + から〉〈~~이기 때문에〉

인터넷 주문이 편리하니까 자주 이용합니다.

インターネット注文が便利だからよく利用します。〈형용동사 + だから〉〈~~이기 때문에〉

포장작업은 매일 하고 있으니까 익숙해졌어요.

放送作業は毎日やっているから慣れてきました。〈동사 + から〉〈~~이기 때문에〉

저는 남성이기 때문에 병역은 당연한 의무라고 생각하고 있어요.

僕は男性なので兵役は当然な義務だと思っています。〈명사 + なの で〉〈~~이기 때문에〉

그녀는 성격이 밝기 때문에 영업부 쪽이 꼭 맞을 겁니다.

彼女は性格が明るいので営業部の方が合うはずです。〈형용사 + の で〉〈~~이기 때문에〉

회사는 역으로부터 멀고 불편하기 때문에 차로 통근하고 있습니다.

会社は駅から遠くて不便なので車で通勤しています。〈형용동사 + な ので〉〈~~이기 때문에〉

회사가 잔업시간을 줄였기 때문에 귀가 시간이 빨라져서 기뻐요.

会社が残業時間を減らしたので帰宅時間が早くなって嬉しいです。

〈동사 과거형 + ので〉〈~~이기 때문에〉

気分は 마음으로 느끼는 기분의 상태를 표현하는 단어이고,

気持ちは 몸으로 느끼는 기분의 상태를 표현하는 단어입니다.

예문)

내일부터 신혼여행에 가니까 기분이 좋아요.

明日から新婚旅行に行くので気分がいいです。

기분이 나쁠 때는 친구하고 수다를 떠는 것이 제일입니다.

気分が悪い時は友だちとおしゃべりするのが一番です。

오늘은 차 멀미를 해서 속이 안 좋아요(기분이 나빠요).

今日は車酔いをしたので気持ち悪いです。

오랜만에 사우나에서 땀을 흘려서 기분이 좋습니다.

久しぶりにサウナで汗を流して気持ちがいいです。

置き忘れる는 〈놔두고 내리다〉 아니면 〈놔두고 오다〉라는 뜻
으로 쓰입니다.

예문)

파리는 치안이 나쁘니까 가방을 놔두고 내리지 않도록 조심해주세요.

パリは治安が悪いのでバスにカバンを置き忘れないように気をつ

けてください。

나는 자주 공중 목욕탕에 칫솔을 놔두고 집에 오면 생각이 납니다.

私はよく銭湯に歯ブラシを置き忘れて家に帰ると気が付きます。

はまる와 夢中になる는 둘 다 〈~~에 빠지다〉라는 뜻으로 쓰이

지만, はまる에는 추가적으로 〈~~에 속아서 빠지다〉라는 의미

도 있습니다.

예문)

그녀는 이상한 종교에 빠져서 아이를 두고 가출했다고 합니다.

彼女は変な宗教にはまって子どもを置いて家出をしたそうです。

게임에 빠져서 점심 식사 약속도 잊어버렸습니다.

ゲームに夢中になってお昼ご飯の約束も忘れてしまいました。

入れておく와 같이 〈동사의 て형 + おく〉는 〈~~해 두다, ~~해

놓다〉라는 뜻으로 쓰입니다. 그런데 회화에서 〈てお〉를 〈と〉로

줄여서 발음하는 경우가 많습니다.

예문)

제가 사놓은 아이스크림을 남동생이 먹어버렸어요.

<ruby>私<rt>わたし</rt></ruby>が<ruby>買<rt>か</rt></ruby>っておいたアイスクリームを<ruby>弟<rt>おとうと</rt></ruby>が<ruby>食<rt>た</rt></ruby>べてしまいました。

=<ruby>私<rt>わたし</rt></ruby>が<ruby>買<rt>か</rt></ruby>っといたアイスクリームを<ruby>弟<rt>おとうと</rt></ruby>が<ruby>食<rt>た</rt></ruby>べてしまいました。

이 요리는 만드는 법이 간단하니까 외워두세요.

この<ruby>料理<rt>りょうり</rt></ruby>は<ruby>作<rt>つく</rt></ruby>り<ruby>方<rt>かた</rt></ruby>が<ruby>簡単<rt>かんたん</rt></ruby>なので<ruby>覚<rt>おぼ</rt></ruby>えておいてください。

=この<ruby>料理<rt>りょうり</rt></ruby>は<ruby>作<rt>つく</rt></ruby>り<ruby>方<rt>かた</rt></ruby>が<ruby>簡単<rt>かんたん</rt></ruby>なので<ruby>覚<rt>おぼ</rt></ruby>えといてください。

<ruby>体重<rt>たいじゅう</rt></ruby>(체중), <ruby>交通事故<rt>こうつうじこ</rt></ruby>(교통사고), <ruby>負担<rt>ふだん</rt></ruby>(부담), にきび(여드름), <ruby>入学者数<rt>にゅうがくしゃすう</rt></ruby>(입학자수) 등등이 〈줄어들다〉, 〈늘어나다〉에는 각각 <ruby>減<rt>へ</rt></ruby>る와 <ruby>増<rt>ふ</rt></ruby>える를 쓰고, 〈줄이다〉, 〈늘리다〉에는 각각 <ruby>減<rt>へ</rt></ruby>らす와 <ruby>増<rt>ふ</rt></ruby>やす를 습니다. 거리, 시간을 〈좁히거나 줄이다〉라고 할 때는 <ruby>縮<rt>ちぢ</rt></ruby>める를 쓰고, 수명이나 세탁물이 〈줄다〉라고 할 때는 <ruby>縮<rt>ちぢ</rt></ruby>む나 <ruby>縮<rt>ちぢ</rt></ruby>まる를 씁니다. <ruby>縮<rt>ちぢ</rt></ruby>む와 <ruby>縮<rt>ちぢ</rt></ruby>まる는 거의 같은 단어라고 생각하면 됩니다.

예문)

잔업이 줄어든 것은 기쁘지만 보너스도 적어졌다.

<ruby>残業<rt>ざんぎょう</rt></ruby>が<ruby>減<rt>へ</rt></ruby>ったのは<ruby>嬉<rt>うれ</rt></ruby>しいけどボーナスも<ruby>少<rt>すく</rt></ruby>なくなってきた。

식사량을 줄이면 체중도 줄어들 거예요.

食事の量を減らすと体重も減るでしょう。

잔업을 줄이면 일의 효율이 좋아져요.

残業を減らすと仕事の効率が良くなります。

인터넷을 하는 시간을 줄이니까 푹 잘 수 있게 됐어요.

インターネットをする時間を減らしたら、ぐっすり眠れるようになったんです。

회식을 줄이니까 가족하고 지내는 시간이 많아져서 다들 기뻐하고 있어요.

会食を減らしたら家族と過ごす時間が増えてみんなが喜んでいます。

작업시간을 늘리면 품질이 분명히 더 좋아질 겁니다.

作業時間を増やせば品質がもっと良くなるはずです。

운행을 10퍼센트 늘이면 손님의 수요에 대응할 수 있어요.

運航を10パーセント増やせばお客様の需要に応えることができます。

내가 살고 있는 맨션에 예능인이 살고 있는데, 어떻게 하면 거리를 좁힐 수 있을까요?

私 の住んでいるマンションに芸能人が住んでいるけど、どうやって
距離を縮めたらいいでしょうか。

내가 살고 있는 맨션에 예능인이 살고 있는데, 어떻게 하면 거리가 좁아질까
요?

私 の住んでいるマンションに芸能人が住んでいるけど、どうやった
ら距離が縮まるんでしょうか。

수술시간을 줄이면 성공률이 더 높아져요.

手 術の時間を縮めれば成功率がもっと高くなります。

담배를 피우면 수명도 줄어들어집니다.

タバコを吸うと寿命も縮んでいきます。

스페인 여행 중 경찰이 눈앞에서 범인을 체포하는 것을 보고 수명이 줄어드는
느낌이었어요.

スペイン旅行中に警察が目の前で犯人を逮捕しているのを見て
寿 命が縮まる感じでした。

평소대로 세탁하고 건조기로 돌렸는데 왜인지 바지가 줄어들어버렸습니다.

普通に洗濯して乾燥機で回したのに、なぜかズボンが縮んでしまい

ました。

세탁방법을 잘못해서 아끼는 원피스가 줄어들었습니다.

洗濯方法を間違えてお気に入りのワンピースが縮まったんです。

交通事故の原因
こうつうじこ　げんいん
교통 사고 원인

18과 본문

1년 동안에 교통사고로 사망하는 사람이 상당히 많다고 합니다.

いちねんかん こうつうじこ　な　　ひと　　おお　　い
1年間に交通事故で亡くなる人がかなり多いと言われています。

이찌넹깐니 코－쯔－지꼬데 나꾸나루 히또가 카나리 오－이또 이와레떼 이마스.

그중에서 제일의 사고원인은 졸음운전이라고 합니다.

なか　いちばん　じこげんいん　いねむ　うんてん
その中で一番の事故原因は居眠り運転だそうです。

소노 나까데 이찌방노 지꼬 겡잉와 이네무리 운뗀다 소－데스.

실은 저도 고속도로에서 운전을 하고 있었을 때 졸음운전을 해서 상당히 위험
했던 적이 있습니다.

じつ　わたし　こうそくどうろ　うんてん　　　とき　いねむ　うんてん　　　　　あぶ
実は私も高速道路で運転をしていた時、居眠り運転をしてかなり危

なかったことがあります。

지쯔와 와따시모 코－소꾸 도－로데 운뗑오 시떼 이따 토끼, 이네무리 운뗑오 시떼 카나리 아
부나깟따 코또가 아리마스.

어느 순간 문득 정신이 들면 제가 눈을 감고 있고 차는 차선을 넘어가고 있었습니다.

ある瞬間ふっと気がつくと、私が目を閉じていて、車は車線を越えていました。

아루 슝깐 훗또 키가 쯔꾸또, 와따시가 메오 토지떼 이떼, 쿠루마와 샤셍오 코에떼 이마시따.

정말로 한순간에 저세상으로 갈 뻔했습니다.

本当に一瞬であの世に行くところでした。

혼또－니 잇슌데 아노 요니 이꾸 토꼬로데시따.

잠깐의 졸음운전으로 죽고 싶지는 않네요.

少しの居眠り運転で死にたくはないですよね。

스꼬시노 이네무리 운뗀데 시니따꾸와 나이데스요네.

그 다음으로 많은 것은 속도 위반에 의한 사고라고 합니다.

その次に多いのは、スピード違反による事故だそうです。

소노 츠기니 오－이노와, 스피－도 이한니 요루 지꼬다 소－데스.

특히 젊은 사람들은 혈기 왕성해서 속도를 즐기기 위해서 액셀러레이터를 밟고, 어느 새인가 시속 140킬로미터 이상이 되어버립니다.

特に若者たちは、勢いに任せてスピードを楽しむためにアクセルを踏んで、いつの間にか時速１４０キロ以上になってしまいます。

토꾸니 와까모노타찌와, 이끼오이니 마까세떼 스피－도오 타노시무타메니 아꾸세루오 훈데, 이쯔노 마니까 지소꾸 햐꾸욘쥬－키로 이죠－니 낫떼 시마이마스.

그때 앞차와의 간격이 좁은 상황에서 앞차가 급정차했을 경우 사고가 일어나기 쉽습니다.

その時、前の車との間隔が狭い状況で、前の車が急停車した場合、事故が起こりやすいです。

소노 토끼, 마에노 쿠루마또노 캉까꾸가 세마이 죠-꾜-데, 마에노 쿠루마가 큐-떼-샤시따 바아이, 지꼬가 오꼬리 야스이데스.

또한 시내의 도로에서는 음주 운전이 심각한 것 같습니다.

また市内の道路では、飲酒運転が深刻なようです。

마따 시나이노 도-로데와, 인슈 운뗀가 신꼬꾸나 요-데스.

음주 운전은 버릇이 되기 때문에 한 번 하면 두 번 세 번 습관적으로 해버립니다.

飲酒運転はクセになるので、一度やれば二度三度と習慣的にやってしまいます。

인슈 운뗑와 쿠세니 나루노데, 이찌도 야레바 니도 산도또 슈-깐떼끼니 얏떼 시마이마스.

그러다 보면 반드시 사고를 일으키기 마련입니다.

そうしていくうちに、必ず事故をおこすはずです。

소-시떼 이꾸 우찌니, 카나라즈 지꼬오 오꼬스 하즈데스.

운전은 간단할 것 같이 보입니다만, 동시에 여러 가지 것에 주의하지 않으면 안 됩니다.

運転は簡単そうに見えますが、同時にいろいろなことに気を配らないといけません。

운뗑와 칸딴소-니 미에마스가, 도-지니 이로이로나 코또니 키오 쿠바라나이또 이께마셍.

제한 속도도 보지 않으면 안 되고, 신호나 백밀러에도 신경쓰지 않으면 안 되고, 앞 차와의 간격을 보고 언제 차선 변경할 것인지도 미리 생각하지 않으면 안 되기 때문에요.

制限速度も見ないといけないし、信号やバックミラーにも気をつけないといけないし、前の車との間隔を見て、いつ車線変更するのかも前もって考えないといけないですから。

세 – 겐 소꾸도모 미나이또 이께나이시, 신고 – 야 밧꾸미라 – 니모 키오 츠께나이또 이께나이시, 마에노 쿠루마또노 캉까꾸오 미떼, 이쯔 샤셍 헹꼬 – 스루노까모 마에못떼 캉가에나이또 이께나이데스까라.

그렇지만 술을 마시고 운전을 하면 이런 것에 주의하는 것이 불가능하게 됩니다.

しかし、お酒を飲んで運転をすると、このようなことに気を配ることができなくなります。

시까시, 오사께오 논데 운뗑오 스루또, 코노 요 – 나 코또니 키오 쿠바루 코또가 데끼나꾸 나리마스.

잡생각도 떠오르기 때문에 운전에 집중할 수 없습니다.

雑念もわくので、運転に集中できません。

쟈쯔넨모 와꾸노데, 운뗀니 슈 – 쮸 – 데끼마셍.

사고는 초심자보다도 베테랑이 일으키기 쉽다는 이야기도 자주 듣습니다.

事故は、初心者よりもベテランが起こしやすいという話もよく耳にします。

지꼬와, 쇼신샤요리모 베테랑가 오꼬시야스이 또이우 하나시모 요꾸 미미니 시마스.

초심자는 항상 긴장하기 때문에 오히려 안전합니다만, 베테랑은 방심하기 때문이라고 합니다.

初心者はいつも緊張するから、かえって安全ですが、ベテランは油断するからだそうです。

쇼신샤와 이쯔모 킹쬬 – 스루까라, 카엣떼 안젠데스가, 베테랑와 유단스루 까라다 소 – 데스.

항상 초심자의 마음을 잊지 않고 조심하면서 운전합시다.

常に初心者の気持ちを忘れずに気をつけながら運転しましょう。

츠네니 쇼신샤노 키모찌오 와스레즈니 키오 츠께나가라 운뗀시마쇼 – .

18과 문법

亡くなる는 〈사망을 한다〉는 뜻이고, 無くなる는 〈사라지다, 없어지다〉라는 뜻입니다.

예문)

오랜만에 고향에 돌아가니까 제가 다녔던 미용실이 없어져서 아쉬웠어요.

久しぶりに故郷に帰ったら私が通っていた美容室が無くなっていて残念でした。

최근 나이를 먹은 탓인지 무기력하고 하고 싶은 일도 없어졌어요.

最近年をとったせいなのか、無気力でやりたいこともなくなってき
ました。

일본도 우리 나라와 같이 高速道路와 国道가 있습니다.

예문)

국토를 달리고 있는데 속도 위반한 차가 다가와서 무서웠어요.

国道を走っていたらスピード違反の車が近づいて来て怖かったで
す。

〈かなり〉는 〈상당히〉라는 뜻인데 같은 뜻으로 〈相当〉가 있는
데, 차이점은 〈かなり〉가 비교적 구어체이며, 감정적인 표현인
데 반해서 〈相当〉는 비교적 문어체이며, 이성적인 표현이라고
볼 수 있습니다.

예문)

올해 여름은 상당히 무더워서 지내기 힘들었어요.

今年の夏はかなり蒸し暑くて過ごしにくかったです。

일본계 기업의 면접은 엄격해서 상당히 준비를 하지 않으면 안 됩니다.

日系企業の面接は厳しくて相当準備をしなければならないです。

〈危ない〉는 〈위험하다〉라는 뜻으로 같은 의미로 〈危険だ〉
가 있습니다. 거의 같은 뜻이지만, 危ない가 구어체에 가깝고
危険이 문어체에 가깝습니다.

예문)

제트 코스터는 전혀 위험하지 않다고 하지만 무서워서 타고 싶지 않습니다.

ジェットコースターは全然危なくないって言われても怖くて乗りたくないです。

부동산에 투자하는 것은 위험하고 불안정하기 때문에 권유하고 싶지 않아요.

不動産に投資するのは危険で不安定なのでお勧めしたくないです。

ある와 どんな는 둘 다 〈어떤〉이라는 의미로 쓰이지만, ある는
확실히 알 수 없는 사람이나 사물, 장소 등을 지칭할 때 쓰이고,
どんな는 어떤 사람이나 사물, 장소 등의 특징에 대해 말할 때
쓰입니다. 참고로 ある는 〈어느〉라는 뜻으로도 쓰입니다. 예문
을 보면 더욱 쉽게 이해됩니다.

예문)

어느 날 거울을 보고 있으니까 얼굴에 기미가 꽤 생긴 것을 알았습니다.

ある日、鏡を見ていたら顔に染がずいぶんできたことに気づきました。

친구는 도시에서 떨어져 있는 어떤 마을에서 카페를 오픈했습니다만, 옛날부터 하고 싶어 했던 일이기 때문에 행복해 보입니다.

友だちは都会から離れているある町でカフェをオープンしたんですけど、昔からやりたがっていた仕事だから幸せそうです。

어떤 사람이 한 번밖에 없는 인생이니까 후회 없이 살자고 가르쳐줬다고 합니다.

ある人が一度しかない人生だから悔いのないように生きようと教えてくれたそうです。

선생님의 고향인 오사카는 어떤 곳입니까?

先生の故郷である大阪はどんな町ですか。

이시다 씨는 아직 입사한 지 한 달이기 때문에 어떤 사람인지 잘 몰라요.

石田さんはまだ入社して一カ月だから、どんな人なのか良く分からないんです。

ふっとは 문득이라는 뜻으로 쓰이며, 예문과 함께 쓰임새를 알아봅시다.

예문)

지금 문득 생각이 났는데 작년 망년회에서 노래를 부른 사람은 누구였어요?

今ふっと思い出したんですけど、去年の忘年会で歌を歌ったのは誰だったんですか。

閉じる와 閉める는 둘 다 〈~~을 닫다〉라는 타동사의 뜻인데, 閉じる는 〈~~이 닫히다〉라는 자동사의 뜻도 가지고 있습니다. 쓰임새를 보면 蓋を閉じる〈뚜껑을 닫다〉, 口を閉じる〈입을 닫다〉, 質問を閉じる〈질문을 닫다(끝내다)〉, 目を閉じる〈눈을 닫다(감다)〉, パソコンを閉じる〈컴퓨터를 닫다(끄다)〉, 画面を閉じる〈화면을 닫다(끄다)〉와 같고 자동사로서는 蓋が閉じる〈뚜껑이 닫히다〉, 口が閉じる〈입이 닫히다〉, 質問が閉じる〈질문이 닫히다(끝나다)〉, 目が閉じる〈눈이 닫히다(감기다)〉, パソコンが閉じる〈컴퓨터가 닫히다(꺼지다)〉, 画面が閉じる〈화면이 닫히다(꺼지다)〉와 같습니다. 閉める의 쓰임새를 보면 蓋を閉める〈뚜껑을 닫다〉, ドアを閉める〈문을 닫다〉, 窓を閉める〈창문을 닫다〉, 鍵を閉める〈열쇠를 닫다(잠그다)〉와 같습니다.

예문)

몸 상태가 나빠졌기 때문에 어쩔 수 없이 가게를 닫았어요.

体の調子が悪くなったため仕方なく店を閉じたんです。

그의 눈이 감겨 있어서 자고 있다고 생각했는데, 갑자기 말을 걸어서 놀랐습니다.

彼の目が閉じていて寝ていると思っていたのに、急に話しかけられてびっくりしました。

이 리모컨 하나로 문을 열거나 닫거나 할 수 있기 때문에 편해요.

このリモコンひとつでドアを開けたり閉めたりすることができるから楽です。

문이 낡아져서 세게 닫으면 부서질지도 모릅니다.

ドアが古くなったので強く閉めると壊れるかもしれないです。

越えるる〈~~을 넘다〉라는 뜻으로 쓰이고, 過ぎるる〈~~을 지나다〉라는 뜻이며, 특히 〈동사의 연용형(い단) + 過ぎる〉의 형태로 〈지나치게 ~~하다〉라는 뜻으로 쓰입니다.

예문)

그는 30도를 넘는 실내에서 트레이닝을 하고 있어요.

彼は30度を超える室内でトレーニングをしています。

이 노래는 시대를 넘어서 사람들한테 사랑받고 있어요.

この歌は時代を超えて人々に愛されています。

이젠 참을성의 한계를 넘어버려서 뭐가 뭔지 잘 모르겠어요.

もう我慢の限界を超えてしまって、何が何だかよく分からないんです。

이 일은 제가 해결할 수 있는 레벨을 넘어버려서 이제 어떻게 할 수가 없어요.

この件は私が解決できるレベルを超えてしまって、もうどうしようもないです。

1시를 넘으면 자동적으로 전기가 꺼지므로 양해 부탁드립니다.

１時を超えたら自動的に電気が消えるのでご了承ください。

70점을 넘으면 합격이니까 올해는 여유롭게 합격할 수 있어요.

７０点を超えたら合格ですから、今年は余裕で合格できます。

오늘은 너무 많이 마시지 말고 빨리 돌아갑시다.

今日は飲み過ぎないで早く帰りましょう。

귀가가 12시를 넘는다면 아내에게 전화를 하겠다고 약속을 했습니다.

帰りが12時を過ぎるんだったら妻に電話をすると約束しました。

〈동사 + ところでした〉는 그대로 해석하면 〈~~하는 상황이었습니다.〉이고, 의역하면 〈~~할 뻔했습니다〉라는 뜻이 됩니다.

예문)

이 영화는 감동적이어서 첫 데이트인데도 여자 친구 앞에서 울 뻔했습니다.

この映画は感動的で初デートなのに彼女の前で泣くところでした。

후지산에 올라갔을 때 고산병에 걸려서 죽을 뻔했습니다.

富士山に登った時、高山病にかかり死ぬところでした。

任せる는 눈에 보이지 않는 사건이나 일을 맡기는 것을 의미하고, 預かる는 남의 물건을 맡는 것을 의미하지만, 반대로 預ける는 나의 물건을 남에게 맡기는 것을 의미합니다.

예문)

오늘부터 이 건은 당신에게 맡길 테니까 제대로 결과를 내주세요.

今日からこの件はあなたに任せたから、きちんと結果を出してくだ

さい。

분실물은 카운터에서 맡아놓고 있으니까 걱정 마세요.

忘れ物はカウンターで預かっていますのでご安心ください。

갑자기 해외 출장이 결정되었기 때문에 미안하지만 이 짐을 당분간 맡아줄 수
있니?

急に海外出張が決まったから、申し訳ないけど、この荷物をしば

らく預かってくれない？

이 가방을 2시간 정도 맡겨도 될까요?

このカバンを2時間ほど預けてもいいですか。

〈やすい〉는〈~~하기 쉽다〉로서 접속 방식은〈5단 동사의 어미
를 い단으로 변경 + やすい〉,〈1단 동사의 어미 る를 제거 + や
すい〉,〈불규칙 동사 する는 しやすい〉,〈불규칙 동사 来る는
来やすい〉와 같습니다.

예문)

오사카는 공항에서 시내까지 가기 쉬워서 외국인 관광객한테 인기가 있어요.

大阪は空港から市内まで行きやすくて、外国人観光客に人気があ
ります。

지금은 계절이 바뀌는 시기라서 컨디션이 나빠지기 쉬워요.

今は季節の変わり目だから体調を崩しやすいんです。

이 프린터는 잉크를 바꾸기 쉬워서 회사원한테 인기가 많아요.

このプリンターはインクを変えやすいので会社員に人気です。

차에 후방 센서를 달면 뒤로 주차하기 쉬워집니다.

車に後方センサーを付けるとバックで駐車しやすくなります。

3년 전에 터널이 생겨서 여기에 오기 쉬워졌습니다.

三年前からトンネルが出来てここに来やすくなったんです。

〈やってしまう〉에서 〈てしまう〉는 〈~~해버리다〉라는 뜻으로
회화에서 ちゃう와 같은 의미로 쓰입니다. 단 ちゃう는 비교적
편한 사이에서 쓰이는 표현입니다.

예문)

술을 마시면 항상 이런 멍청한 짓을 해버려요.

お酒を飲むといつもこんなバカなことをやっちゃうんです。

보통 〈そうだ〉는 〈~~일 것 같다〉로 해석되고, 〈ようだ〉는 〈~~인 것 같다〉라고 해석됩니다. 차이점은 〈ようだ〉가 좀 더 확신를 가지고 추측하는 것입니다. 그래서 〈~~そうに〉는 〈~~일 것처럼〉, 〈~~ように〉는 〈~~인 것처럼〉으로 해석하면 됩니다.

簡単そうに : 간단할 것처럼 〈형용동사의 だ를 제거 + そうに 접속〉

簡単なように : 간단한 것처럼 〈형용동사의 だ를 な로 변경 + ように 접속〉

易しそうに : 쉬울 것처럼 〈형용사의 い를 제거 + そうに 접속〉

예문)

이 그림은 간단할 것처럼 보입니다만, 완성까지 3개월 걸렸어요.

この絵は簡単そうに見えますが、完成まで3ヶ月間かかりました。

비행기 조종은 생각한 것보다는 간단할 것처럼 보입니다.

飛行機の操縦は思ったよりは簡単そうに見えますね。

이 음식은 간단한 것처럼 보이는데 꽤 만들기 어려워요.

この料理は簡単なように見えてけっこう作りにくいんです。

기말시험은 쉬울 것처럼 보였지만 어려웠어요.

期末試験は易しそうに見えて難しかったです。

油断する와 비슷한 표현으로 怠ける, 怠る, サボる가 있는데, 怠ける는 부지런하지 않고, 게으름을 피우는 마음을 표현할 때 쓰이지만, 怠る는 반드시 자신이 해야 할 일을 하지 않고 소홀히 할 때 쓰이는 표현이고, サボる는 일부러 해야 할 일을 빠지고, 농땡이 칠 때 쓰이는 표현입니다.

예문)

저 선수는 거의 이길 것 같은 상황인데 방심해서 져버리는 버릇이 있습니다.

あの選手はほとんど勝ちそうな状況なのに油断してしまって負ける癖があります。

이제 조금만 있으면 끝나니까 마지막까지 방심하지 말고 힘냅시다.

もう少しで終わるから、最後まで油断しないで頑張りましょう。

익숙해졌다고 해서 방심하지 말아주세요.

慣れて来たからといって油断しないでください。

고등학생인데 공부를 게을리해서 정말 걱정입니다.

高校生なのに勉強を怠けて本当に心配です。

제가 청소를 소홀히 해서 로봇 청소기를 사줬어요.

私が掃除を怠っているからロボット掃除機を買ってくれました。

제가 확인을 소홀히 해서 이런 실수를 해버려서 정말로 죄송했습니다.

私が確認を怠ってこのような失敗をしてしまって本当に申し訳あり

ませんでした。

수업을 빼먹고, PC방에서 친구와 게임을 했습니다.

授業をサボってネットカフェで友だちとゲームをしました。

19과 본문

저는 20년 전 3년 정도 일본에 거주한 적이 있습니다.

わたしにじゅうねんまえさんねん　　にほん　　す
私は２０年前３年ほど日本に住んでいたことがあります。

와따시와 니쥬 – 넨 마에 산넹호도 니혼니 슨데 이따 코또가 아리마스.

지금 생각해보면 힘든 일도 있었습니다만, 즐거운 추억이기도 합니다.

いまかんが　　　　　　たいへん　　　　　　　　　　　たの　おも　で
今考えてみると大変なこともありましたが、楽しい思い出でもあり

ます。

이마 캉가에떼 미루또 타이헨나 코또모 아리마시따가, 타노시 – 오모이데 데모 아리마스.

처음으로 일본에 갔던 날의 일은 잊을 수 없습니다.

はじ　　にほん　い　　　ひ　　　　　　わす
初めて日本に行った日のことは忘れられません。

하지메떼 니혼니 잇따 히노 코또와 와스레 라레마셍.

마치 다른 행성에 가는 것 같아서 설레었습니다.

ほか　わくせい　い
まるで他の惑星に行くみたいでわくわくしました。

마루데 호까노 와꾸세 – 니 이꾸 미따이데 와꾸와꾸 시마시따.

아마 외국에 가는 것은 일본이 처음이었기 때문이라고 생각합니다.

たぶん外国に行くのは日本が初めてだったからだと思います。

타붕 가이꼬꾸니 이꾸노와 니혼가 하지메떼 닷따까라 다또 오모이마스.

공항에 도착했더니 사방에 일본어가 적혀 있어서 드디어 진짜 일본에 왔다는 실감이 났습니다.

空港に着いたら、四方に日本語が書かれていて、ようやく本当に日本に来たという実感がわきました。

쿠-꼬-니 츠이따라, 시호-니 니혼고가 카까레떼 이떼, 요-야꾸 혼또-니 니혼니 키따 또이우 짓깐가 와끼마시따.

매일 매일이 아주 신기하고 즐거웠고, 마음이 들떠 있어서 좀처럼 잘 수 없었습니다.

毎日毎日がとても不思議で楽しかったし、浮かれていてなかなか寝られなかったです。

마이니찌 마이니찌가 토떼모 후시기데 타노시깟따시, 우까레떼 이떼 나까나까 네라레 나깟따데스.

길에서 마주친 사람에게 일본어로 계속 말을 걸거나 해서 민폐를 끼치기도 했습니다.

道で出会った人に日本語でずっと話しかけたりして、迷惑をかけたりもしました。

미찌데 데앗따 히또니 니혼고데 즛또 하나시 카께따리 시떼, 메-와꾸오 카께따리모 시마시따.

한일펜팔사이트를 통해서 일본인 여자친구도 생겨서 사귄 적도 있었습니다.

韓日文通サイトを通して、日本人の彼女もできて付き合ったことも

ありました。

칸니찌 분쯔 - 사이토오 토 - 시떼, 니혼진노 카노쵸모 데끼떼 츠끼앗따 코또모 아리마시따.

그냥 일본에 있는 것만으로 행복했습니다.

ただ日本にいるだけで幸せでした。

타다 니혼니 이루 다께데 시아와세 데시따.

그렇지만 물가가 비싸기 때문에 일을 하지 않으면 안 되어서 불고기 집에서 일을 하게 되었습니다.

しかし、物価が高いので仕事をしなければならなくて、焼肉屋で働く

ことになりました。

시까시, 붓까가 타까이노데 시고또오 시나께레바 나라나꾸떼, 야끼니꾸야데 하따라꾸 코또니 나리마시따.

근데 일이 매우 힘들어서 집에 돌아오면 잠만 잘 뿐이었습니다.

ところが仕事がとても大変で家に帰ったら寝るだけでした。

토꼬로가 시고또가 토떼모 타이헨데 이에니 카엣따라 네루다께 데시따.

그런 상태였기 때문에 편한 일을 하려고 생각하고 있었을 때 마침 기회가 있어서 일본에서 한국어를 가르치게 되었습니다.

そんな状態だったので、楽な仕事をしようと思っていた時、ちょうど

機会があり、日本で韓国語を教えることになりました。

손나 죠-따이 닷따노데, 라규나 시고또오 시요-또 오못떼 이따 토끼, 쵸-도 키까이가 아리, 니혼데 캉꼬꾸고오 오시에루 코또니 나리마시따.

그렇지만 이 일도 일본어를 어느 정도 할 수 있어야만 가능한 일입니다.

しかし、この仕事も日本語がある程度できてこそ可能な仕事なんです。

시까시, 코노 시고또모 니혼고가 아루 테-도 데끼떼 코소 카노-나 시고또난데스.

여러분도 만약 일본에서 몇 년인가 살아보고 싶다면 반드시 한국에서 일본어 프리토킹 연습을 충분히 하고 나서 가시는 편이 좋다고 생각합니다.

みなさんも、もし日本で何年か暮らしてみたかったら、必ず韓国で日本語のフリートークの練習を充分にしてから行かれた方がいいと思います。

미나상모, 모시 니혼데 난넹까 쿠라시떼 미따깟따라, 카나라즈 캉꼬꾸데 니혼고노 후리-토-쿠노 렌슈-오 쥬-분니 시떼까라 이까레따 호-가 이-또 오모이마스.

실제로 외국에서의 생활은 외롭습니다. 게다가 말까지 안 되면 더욱 외로워져서 우울증에 걸릴지도 모릅니다.

実際、外国での生活はさびしいです。その上言葉までできないと、もっとさびしくなり、鬱病になるかもしれません。

짓사이, 가이꼬꾸데노 세-까즈와 사비시-데스. 소노 우에 코또바마데 데끼나이또, 못또 사비시꾸나리, 우쯔뵤-니 나루 까모시레마셍.

물론 일본에 있는 한국인 친구도 많을 것입니다만, 이왕 일본에 왔다면 일본인 친구와 일본어로 이야기를 하는 것이 좋겠네요.

もちろん日本にいる韓国人の友だちも多いでしょうが、せっかく日本に来たなら日本人の友だちと日本語で話しをするのがいいですよね。

모찌롱 니혼니 이루 캉꼬꾸진노 토모다찌모 오 - 이데쇼 - 가, 셋까꾸 니혼니 키따나라 니혼진노 토모다찌또 니혼고데 하나시오 스루노가 이 - 데스요네.

19과 문법

でもある는 〈~~이기도 하다〉라는 뜻으로 예문과 함께 이해해 봅시다.

예문)

봄은 운동의 계절이기도 합니다.
春は運動の季節でもあります。

그날은 어차피 제가 회사로 가는 날이기도 하니까 회사에서 기다리겠습니다.
その日はどうせ私が会社に行く日でもあるので会社でお待ちしています。

わくわくする는 기대감과 설레임, 그리고 신나는 기분에 두근두근거리는 느낌을 표현하고, ときめく는 누군가에 마음을 빼앗겨 설레서 두근두근거리는 느낌을 표현하며, どきどきする는 시험이나, 맞선, 면접, 시험 결과를 앞두고 긴장하고 초조해서 두근두근거리는 느낌을 표현할 때 쓰인다고 볼 수 있습니다.

예문)

유명한 아이돌 그룹의 콘서트 티켓를 받았기 때문에 두근두근하면서 그날을 기다리고 있어요.

有名なアイドルグループのコンサートチケットをもらったのでわくわくしながらその日を待っています。

나이를 먹어도 여전히 아이돌에게 설레고 있습니다.

年を取ってもあいかわらずアイドルにときめいています。

시험 결과가 오늘 나오기 때문에 가슴이 두근거리고 있어요.

試験の結果が今日出るのでどきどきしています。

初めて는 〈처음으로〉라는 뜻으로만 쓰입니다. 始める는 〈~~을 시작하다〉라는 타동사로 쓰이고, 始まる는 〈~~이 시작되다〉라는 자동사로 쓰입니다.

예문)

배를 타고 섬에 가는 것은 이번이 처음입니다.

船に乗って島に行くのは今回が初めてです。

이번에 처음으로 배를 타고 섬에 갑니다.

今回初めて船に乗って島に行きます。

이 작품은 제가 제일 좋아합니다만, 이번에 처음으로 파리 박물관에서 실물을 봤어요.

この作品は私が一番好きですが、今回初めてパリの博物館で実物を見ました。

프랑스어를 배우기 시작한 지 3개월 됐어요.

フランス語を習い始めて3ヶ月になりました。

내가 좋아하는 드라마가 시작했으니까 채널을 바꾸지 말아주세요.

私が好きなドラマが始まったのでチャンネルを変えないでください。

〈忘<ruby>わす</ruby>れられなかった〉와 〈起<ruby>おき</ruby>きられなくて〉의 문법 설명과 함께

예문을 통해 익혀봅시다.

忘<ruby>わす</ruby>れる : 잊다

忘<ruby>わす</ruby>れられる : 잊을 수 있다 〈어미 る 떼고 られる 접속〉 가능

忘<ruby>わす</ruby>れられない : 잊을 수 없다 〈어미 る 떼고 ない 접속〉 부정

忘<ruby>わす</ruby>れられなかった : 잊을 수 없었다 〈어미 い 떼고 かった 접속〉

과거

예문)

프랑스에서 먹은 빵은 정말 맛있어서 시간이 지나도 잊지 못했어요.

フランスで食<ruby>た</ruby>べたパンは本当<ruby>ほんとう</ruby>に美味<ruby>おい</ruby>しくて時間<ruby>じかん</ruby>が経<ruby>た</ruby>っても忘<ruby>わす</ruby>れられ

なかったです。

起<ruby>おき</ruby>きる : 일어나다

起<ruby>おき</ruby>きられる : 일어날 수 있다 〈어미 る 떼고 られる 접속〉 가능

起<ruby>おき</ruby>きられない : 일어날 수 없다 〈어미 る 떼고 ない 접속〉 부정

起<ruby>おき</ruby>きられなくて : 일어날 수 없어서 〈어미 い 떼고 くて 접속〉

연결 접속

예문)

감기약을 먹은 탓인지 아침에 못 일어나서 지각하고 말았어요.
風邪薬を飲んだせいか朝起きられなくて遅刻してしまいました。

ようやく, やっと, 辛うじて는 〈겨우, 간신히〉라는 뜻을 가지고 있는 단어들인데, 그 강도의 차이를 순위로 매긴다면 辛うじて가 가장 힘들고 어렵게 간신히 된 느낌이 있고, 그다음 순으로 やっと 그다음 순으로 ようやく가 될 수 있다고 생각합니다. 그런데 ようやく는 〈드디어, 어렵사리〉라는 뜻으로 쓰이는데, 비슷한 표현인 いよいよ는 〈드디어〉라는 뜻으로 決勝 (결승), 最終 戦 (최종전), カムバック(컴백), ファンミーティング(팬미팅), 新学期 (신학기)와 같이 미래에 일어날 일에 대해 기대감이나 설렘을 가지고 얘기할 때 쓰입니다.

예문)

제가 좋아하는 배우의 주연 드라마가 드디어 일본에서 방송하게 됐어요.
私が好きな俳優の主演ドラマがようやく日本で放送することになりました。

다음 달에 저의 오랜 꿈이 드디어 실현될 것 같아요.
来月には私の長年の夢がようやく叶いそうです。

긴 시간을 들여서 쓴 원고가 오늘로 겨우 완성되었습니다.

長い時間を掛けて書いた原稿が今日でようやく出来上がりました。

겨우 논문을 다 썼기 때문에 기분이 최고예요.

やっと論文を書き終えたので気分が最高です。

작년에는 간신히 3위가 되었습니다만 올해는 예선에서 떨어졌어요.

去年は辛うじて3位になったんですけど、今年は予選落ちでした。

드디어 내일 기다리고 기다리던 킥보드가 우리 집으로 배달됩니다.

いよいよ明日待ちに待ったキックボードがうちに配達されます。

빨리 오세요. 드디어 결승전이 시작됩니다.

早く来てください。いよいよ決勝戦が始まります。

通すと 비슷한 의미로 通じる가 있는데, 마음, 언어, 연락이 통한다는 의미로 쓰일 때는 通じる만 쓰입니다. 通す는 어떤 사람이나 기관, 사이트를 통할 때 쓰이는데, 이런 경우에는 通じる를 써도 무방합니다.

예문)

이 정도의 간단한 소송은 굳이 변호사를 통하지 않고 직접 소송해도 됩니다.

このぐらいの簡単な訴訟は敢えて弁護士を通さなくても自分で訴訟

してもいいですよ。

이번 일을 통해서 인간관계의 중요성을 다시 한번 인식했습니다.

今回の件を通して人間関係の重要性をもう一度認識しました。

해외여행 중에 제 영어가 통해서 정말 기뻤어요.

海外旅行中に私の英語が通じたので本当に嬉しかったです。

A: 오늘 점심밥은 라면으로 어떻습니까?

A: 今日のお昼ごはんはラーメンでどうですか。

B: 오_저도 마침 라면을 먹고 싶었습니다. 마음이 통했네요.

B: おー私もちょうどラーメンを食べたかったんです。気持ちが通じま

したね。

아이시다씨하고 라인을 통해서 연락하게 되었습니다.

石田さんとはラインを通じて連絡を取るようになりました。

〈ただ단지〉와 비슷한 단어로 〈但し단〉이 있습니다.

예문)

뭣 때문에 화를 내냐. 그냥 물어본 것뿐이다.

何で怒るの。ただ聞いただけなんだよ。

이 자리는 무대가 잘 보이지 않지만, 그냥 가수와 같은 공간에 있는 것만으로 행복해요.

この席はステージがよく見えないですが、ただ歌手と同じ空間にいるだけで幸せです。

이 호텔은 역으로부터 가까워서 편리해요. 단 방은 좁습니다.

このホテルは駅から近くて便利です。但し部屋は狭いです。

勤める〈근무하다〉와 발음이 같은 努める는 〈힘쓰다, 노력하다〉이고, 務める는 〈역할을 맡다〉라는 의미입니다. 참고로 仕事をする는 〈일을 하다〉, 働く는 〈일하다〉라는 뜻입니다.

예문)

저는 대기업에 근무하고 있습니다만, 자신의 회사를 경영해보고 싶기 때문에
조만간 회사를 그만두려고 생각하고 있습니다.

私は大企業に勤めていますが、自分の会社を経営してみたいので
近いうちに会社を辞めようと思っています。

원인 구명에 노력하고 있으니까 조금 더 시간을 주세요.

原因究明に努めていますのでもう少しお時間をください。

여성학 학회의 통역을 맡았을 때는 내용을 파악하기 위해서 사전에 발표자의
논문을 읽고 있었어요.

女性学学会の通訳を務めた時は内容を把握するために事前に
発表者の論文を読んでいました。

근무시간인데 그는 일을 하지 않고, 휴대폰만 보고 있었기 때문에 잘렸어요.

勤務時間なのに彼は仕事をしないでケータイばかり見ていたので、

クビになりました。

일본어를 마스터해서 내년부터 일본에서 일하려고 하고 있습니다.

日本語をマスターして来年から日本で働こうとしています。

동사의 어미를 て형으로 바꾸고 から를 접속하면 〈~~하고 나서〉라는 의미가 됩니다.

예문)

제가 일본어로 번역하고 나서 한번 체크해주실 수 있습니까(체크해 받을 수 있습니까)?

私が日本語で翻訳してから、一度チェックしていただけますか。

9시에 문을 열고 나서 지금까지 아직 손님이 한 명도 오지 않고 있습니다.

9時に店を開けてから今までまだお客さんが一人も来ていないんです。

20과 본문

라면 볶음밥이라는 요리를 들은 적이 있습니까?

ラーメンチャーハンという<ruby>料理<rt>りょうり</rt></ruby>を<ruby>聞<rt>き</rt></ruby>いたことがありますか。

라 – 멘 챠 – 항 또이우 료 – 리오 키이따 코또가 아리마스까.

제가 생각한 요리입니다만, 만드는 법을 가르쳐 드리겠습니다.

<ruby>私<rt>わたし</rt></ruby>が<ruby>考<rt>かんが</rt></ruby>えた<ruby>料理<rt>りょうり</rt></ruby>ですが、<ruby>作<rt>つく</rt></ruby>り<ruby>方<rt>かた</rt></ruby>をお<ruby>教<rt>おし</rt></ruby>えしましょう。

와따시가 캉가에따 료 – 리데스가, 츠꾸리 카따오 오 – 시에시마쇼 – .

재료는 김치, 계란, 밥, 라면, 햄, 양파, 치즈, 참기름입니다.

<ruby>材料<rt>ざいりょう</rt></ruby>はキムチ、<ruby>卵<rt>たまご</rt></ruby>、ごはん、ラーメン、ハム、たまねぎ、チーズ、ごま<ruby>油<rt>あぶら</rt></ruby>です。

쟈이료 – 와 키무찌, 타마고, 고항, 라 – 멘, 하무, 타마네기, 치 – 즈, 고마아부라데스.

우선 프라이팬에 식용유를 붓고 김치를 잘게 썬 것을 10분 정도 낮은 불로 볶습니다.

まず、フライパンに食用油を敷いて、キムチを細かく刻んだものを
10分ほど弱火で炒めます。

마즈, 후라이판니 쇼꾸요__ 아부라오 시이떼, 키무찌오 코마까꾸 키쟌다 모노오 줏뿡호도 요와
비데 이따메마스.

김치가 타지 않도록 자주 뒤집어주세요.

キムチが焦げないようによくひっくり返してください。

키무찌가 코게나이 요－니 요꾸 힛꾸리 카에시떼 쿠다사이.

다음으로 양파와 햄을 잘게 썰어서 같이 5분 정도 중간 불로 볶고 나서 밥을
넣고 강한 불로 볶습니다.

次に、たまねぎとハムを細かく刻んで一緒に5分ほど中火で炒めて
から、ごはんを入れて強火で炒めます。

츠기니, 타마네기또 하무오 코마까꾸 키쟌데 잇쇼니 고훙호도 츄－비데 이따메떼까라, 고항오
이레떼 츠요비데 이따메마스.

그리고 불을 끄고 냄비에 물을 넣고 라면을 끓입니다.

それから、火を消し、鍋に水を入れてラーメンを作ります。

소레까라, 히오 케시, 나베니 미즈오 이레떼 라－멩오 츠꾸리마스.

라면 스프의 원료(가루)는 넣지 않고 면이 익으면 물을 80퍼센트 정도 버리고
거기에 라면 스프의 원료(가루)를 넣고 낮은 불에서 비빕니다.

ラーメンのスープの素は入れずに、麺ができたら水を80パーセント
ほど捨てて、そこにラーメンのスープの素を入れて弱火で混ぜます。

라 – 멘노 스 – 푸노 모또와 이레즈니, 멘가 데끼따라 미즈오 하찌쥿파 – 센토 호도 스떼떼, 소꼬니 라 – 멘노 스 – 프노 모또오 이레떼 요와비데 마제마스.

스프의 원료(가루)를 전부 넣으면 짜게 될 지도 모르기 때문에 간을 보면서 양을 조절해주세요.

スープの素を全部入れたらしょっぱくなるかもしれないので、味見をしながら量を調節してください。

스 – 프노 모또오 젠부 이레따라 숏빠꾸 나루 까모시레나이노데, 아지미오 시나가라 료 – 오쬬 – 세쯔시떼 쿠다사이.

대략 스프의 원료(가루)를 절반 정도 넣으면 딱 좋습니다.

大体スープの素を半分ぐらい入れるとちょうどいいです。

다이따이 스 – 프노 모또오 한붕 구라이 이레루또 쵸 – 도 이 – 데스.

그 다음에 비빈 라면을 프라이팬 안에 있는 볶음밥 위에 올려주세요.

それから、混ぜたラーメンをフライパンの中にあるチャーハンの上にのせてください。

소레까라, 마제따 라 – 멩오 후라이판노 나까니 아루 차 – 항노 우에니 노세떼 쿠다사이.

그리고 강한 불로 볶아주세요.

そして、強火で炒めてください。

소시떼, 츠요비데 이따메떼 쿠다사이.

라면의 수분을 날려버릴 듯이 강한 불로 10분 정도 볶아주세요.

ラーメンの水分を飛ばすように強火で10分ほど炒めてください。

라 - 멘노 스이붕오 토바스 요 - 니 츠요비데 즛뿡호도 이따메떼 쿠다사이.

그 다음 가위로 라면을 잘게 잘라주세요.

それから、ハサミでラーメンを細かく切ってください。

소레까라, 하사미데 라 - 멩오 코마까꾸 킷떼 쿠다사이.

숟가락으로 먹기 때문에 면을 잘게 자르지 않으면 먹기 힘듭니다.

スープンで食べるので、麺を細かく切らないと食べにくいです。

스 - 푼데 타베루노데, 멩오 코마까꾸 키라나이또 타베니꾸이데스.

간을 보면서 맛이 싱거우면 남은 스프의 원료(가루)를 좀 더 넣고, 짜면 계란을 넣어서 볶아주세요.

味見をしながら、味が薄かったら、残りのスープの素をもう少し入れて、しょっぱかったら卵を入れて炒めてください。

아지미오 시나가라, 아지가 우스깟따라, 노꼬리노 스 - 프노 모또오 모 - 스꼬시 이레떼, 숏빠깟따라 타마고오 이레떼 이따메떼 쿠다사이.

마지막으로 불을 끄고 치즈를 넣고 프라이팬 뚜껑을 닫고 5분이 지나면 맛있게 완성됩니다.

最後に火を消し、チーズを入れて、フライパンの蓋をして5分したら、美味しく出来上がります。

사이고니 히오 케시, 치 - 즈오 이레떼, 후라이판노 후따오 시떼 고훈시따라, 오이시꾸 데끼아

가리마스.

참기름은 취향에 따라서 넣어도, 안 넣어도 좋습니다.

ごま<ruby>油<rt>あぶら</rt></ruby>は<ruby>好<rt>この</rt></ruby>みによって<ruby>入<rt>い</rt></ruby>れても<ruby>入<rt>い</rt></ruby>れなくてもいいです。

고마아부라와 코노미니 욧떼 이레떼모 이레나꾸떼모 이 – 데스.

쫄깃쫄깃하게 씹히는 맛이 있는 라면과 밥의 궁합은 딱 맞습니다.

<ruby>歯<rt>は</rt></ruby>ごたえがあるラーメンとごはんの<ruby>相性<rt>あいしょう</rt></ruby>はピッタリです。

하고따에가 아루 라 – 멘또 고한노 아이쇼 – 와 핏따리데스.

20과 문법

〈~~한 적이 있다〉라는 뜻으로 〈동사의 과거형 + ことがある〉

가 있습니다. 이때 こと를 〈적〉이라고 해석합니다.

예문)

지인의 부탁을 받고 결혼식 사회를 본 적이 있습니다.

<ruby>知<rt>し</rt></ruby>り<ruby>合<rt>あ</rt></ruby>いに<ruby>頼<rt>たの</rt></ruby>まれて<ruby>結婚式<rt>けっこんしき</rt></ruby>の<ruby>司会<rt>しかい</rt></ruby>をしたことがあります。

お尋ね, お返し, お送りは 존경을 의미하는 표현으로 형식은
〈お + 동사의 어미를 い단으로 변경〉하면 됩니다.

예문)

좀 여쭤볼 일이 있습니다만.

ちょっとお尋ねしたいことがありますが。

친구 결혼식 답례품으로 귀여운 접시를 받았어요.

友人の結婚式のお返しで可愛いお皿をいただきました。

이틀 전에 보내드렸습니다만 아직 도착하지 않았어요?

2日前にお送りしましたが、まだ届いてないでしょうか。

まず(우선, 맨 먼저)와 비슷한 뜻으로 ひとまず(우선), 一旦(일
단), 一応(우선, 일단), とりあえず(우선, 일단)이 있습니다.
언어라는 것이 사람마다 입맛에 맞는 단어를 쓰기 때문에 정확
히 단정 지어서 말할 수는 없지만, まず와 一応는 비교적 부드
러운 표현으로 이야기를 시작할 때 쓰는 표현이라고 할 수 있습
니다. 一旦(일단)과 ひとまず는 비슷한 표현으로 뭔가를 단호하

게 결정지어서 말할 때 쓰는 강한 표현이라고 할 수 있고, 우선
아예도 이야기를 시작할 때 쓰이는데, 의문문에 쓰이기도 하
고 간혹 부탁할 때 〈~~てください〉와 함께 쓰인다고도 볼 수
있습니다.

예문)
우선 이번 사건의 원인과 대책에 대해서 이야기하겠습니다.
まず今回の事件の原因と対策について話します。

초저가 티켓이 있었기 때문에 우선 예약하고 나서 휴가신청을 했어요.
激安チケットがあったので、まず予約してから休暇申請をしました。

우선 대본을 읽고 나서 연락드리겠습니다.
ひとまず台本を読んでから、ご連絡させていただきます。

아직 시간은 있으니까 일단 앉아서 천천히 말씀해주세요.
まだ時間はありますので一旦座ってゆっくりお話ください。

일단 여기 책임자는 저니까 제가 책임을 지겠습니다.
一応ここの責任者は私ですので、私が責任を取らせていただきます。

일단 자기 소개를 하면 저는 41살의 한국인입니다.

一応自己紹介を致しますと私は４１歳の韓国人です。

이 문제는 일단 담당자가 오면 자세히 이야기합시다.

この問題はとりあえず担当者が来たら詳しくお話しましょう。

밥을 먹으면 바로 배가 아파져서, 일단 병원에서 검사를 받고나서 보고하겠습니다.

ご飯を食べるとすぐお腹が痛くなりますので、とりあえず病院で検査を受けてから報告します。

일단 저의 고민을 들어주세요

とりあえず私の悩みを聞いてください。

炒める와 발음이 같은 痛める는 〈~~를 다치다〉라는 뜻으로 쓰입니다.

예문)

멸치는 볶아서 먹으면 바삭바삭한 식감이 있어서 좋아요.

いりこは炒めて食べたら、かりっとした食感があっていいです。

발목을 다쳤기 때문에 당분간은 축구를 할 수 없다고 생각합니다.

足首を痛めたので、しばらくはサッカーができないと思います。

불타는 〈불을 켜고 끄는 것〉과 전등의 〈불을 켜고 끄는 것〉에

대해 예문을 통해 알아봅시다.

火を付ける : (타는) 불을 켜다

火を消す : (타는) 불을 끄다

部屋の電気を付ける : 방의 전등을 켜다

部屋の電気を消す : 방의 전등을 끄다

예문)

가스에 불을 붙이고 나서 좀 기다려주세요.

ガスに火を付けてから少し待ってください。

불을 끊 뒤에 완전히 꺼졌는지 아닌지 한번 더 확인해주세요.

火を消した後に、完全に消されたのかどうかもう一回確認してくだ

さい。

먼저 가세요. 가스 불을 껐는지 다시 한번 확인하고 올게요.

先に行ってください。ガスの火を消したのかもう一度確認して来ま

す。

외출한 곳으로부터 돌아와서 방의 전기를 켰더니 방이 어질러져 있었습니다.

外出先から帰って部屋の電気を付けると、部屋が散らかっていました。

절약을 위해서 방 전기를 꺼주세요.

節約のために部屋の電気を消してください。

混ぜる와 混ぜ合わせる는 거의 같은 뜻이지만, 混ぜ合わせる 가 좀 더 잘 섞어서 하나가 되도록 만든다는 뜻을 가지고 있습니다.

예문)

이건 술과 우유를 섞은 칵테일인데 아주 맛있어요.

これはお酒とミルクを混ぜたカクテルで本当に美味しいです。

나는 액션에 코믹을 섞은 영화를 가장 선호합니다.

私はアクションにコミックを混ぜた映画を一番好んでいます。

맥주랑 탄산 주스를 섞어서 마시면 맛있어요.

ビールと炭酸ジュースを混ぜ合わせて飲むと美味しいです。

ながら(も) 〈~~하면서(도)〉의 쓰임새에 대해 알아봅시다.

〈동사의 어미를 い단으로 변경 + ながら(も)〉, 〈형용사 + ながら(も)〉, 〈명사 + でありながら(も)〉, 〈형용동사 + でありながら(も)〉

예문)

집에서 맥주 마시면서 영화를 보는 것을 제일 좋아해요.

家でビールを飲みながら映画を見るのが一番好きです。

진통제를 먹으면서까지 취미인 축구를 계속하는 것은 이해할 수 없어요.

痛み止めを飲みながらも趣味であるサッカーを続けているのは理解できないです。

월드컵에서는 고생하면서 세계 1위인 팀을 이겼어요.

ワールドカップでは苦しいながら世界一位のチームに勝ちました。

엄마 혼자서 고생하면서도 자식 3명 다 대학교에 보냈어요.

母1人で苦しいながらも３人の子どもを全員大学に行かせました。

그는 회사원이면서도 취미로 음악 활동을 하고 있어요.

彼は会社員でありながらも趣味で音楽活動をしています。

회사원이면서 박사 논문을 쓰는 것은 정말 힘들었다고 생각해요.

会社員でありながら博士論文を書くのは本当に大変だったと思います。

그는 성실하면서 유머의 센스도 있어서 회식에서는 빠지면 안 되는 존재예요.

彼は真面目でありながらユーモアのセンスもあって、飲み会では欠かせない存在です。

회사가 원하는 것은 성실하면서도 임기응변하게 대응할 수 있는 직원입니다.

会社が求めているのは真面目でありながらも、臨機応変な対応ができる社員です。

乗せる는 사람을 태울 때 쓰이는 표현이고, 載せる는 글이나

기사를 인터넷이나 책에 올릴 때 쓰이기도 하고, 짐을 실을 때

쓰이기도 합니다.

예문)

술을 너무 많이 마신 손님은 안전을 위해서 태우지 마세요.

お酒を飲み過ぎたお客様は安全のために乗せないでください。

이 기사를 블로그에 올리려고 생각했습니다만 너무 길어서 그만뒀어요.

この記事をブログに載せようと思ったんですけど長すぎてやめました

た。

곧 출발하기 때문에 짐을 빨리 실어주세요.

まもなく出発しますので荷物を早く載せてください。

残りは 残る의 명사형이고, 비슷한 동사로 余る가 있는데, 余る

는 남아돈다는 의미로 쓰입니다.

예문)

저는 일이 남아 있기 때문에 사무실에 돌아가겠습니다.

僕は仕事が残っているので事務所に戻ります。

이건 남아도는 천으로 만든 앞치마예요. 예쁘죠?

これは余った生地で作ったエプロンです。可愛いでしょう。

맛 관련 단어와 예문입니다.

예문)

酸っぱい
<small>す</small>

혹시 시면 꿀을 조금 넣어주세요.

もし酸っぱかったらハチミツを少し入れてください。
<small>す　　　　　　　　　　　　　　すこ　い</small>

苦い
<small>にが</small>

한방약은 써서 먹기 힘듭니다만 효과적입니다.

漢方薬は苦くて飲みにくいですが効果的です。
<small>かんぽうやく　にが　　　の　　　　　　　　こうかてき</small>

渋い
<small>しぶ</small>

이 과일은 옆집으로부터 받은 것입니다만, 맛이 독특하고 떫었습니다.

この果物は隣の家からもらったものですが味が、独特で渋かったで
<small>くだもの　となり　いえ　　　　　　　　　　　あじ　　どくとく　しぶ</small>

す。

〈일본어에서 맛이 없을 때 맛이 독특하다고 돌려서 말하는 경우가 있습니다.〉

조미료 관련 단어와 예문입니다.

예문)

醤油
<small>しょうゆ</small>

마지막에 간장으로 맛을 내면 더 맛있어요.

最後に醤油で味付けをしたらもっと美味しいです。

お酢

건강을 위해서 매일 식초로 만든 음료수를 마시고 있습니다.

健康のために毎日お酢のドリンクを飲んでいます。

胡椒

이 요리에 후추는 빠뜨릴 수 없겠죠.

この料理に胡椒は欠かせないでしょう。

砂糖

커피에 설탕을 넣어주시겠어요?

コーヒーに砂糖を入れていただけますか。

塩

소금을 많이 섭취하면 몸에 안 좋아요.

塩のとりすぎは体に良くないです。

チリパウダー

매운 것은 못 먹으니까 칠리파우더 없이 부탁드립니다.

辛いのは食べられないので、チリパウダー無しでお願いします。

통째로 외우는 일본어 말문 트이기

초판 발행 2019년 3월 11일

지은이 | 미우라 하루카, 한우영
펴낸곳 | 제일어학
펴낸이 | 배경태
디자인 | 이주연

주소 | 서울시 마포구 공덕동 463 현대하이엘 1728호
전화 | 02-3471-8080
팩스 | 02-6008-1965
e-mail | liveblue@hanmail.net
등록 | 1993년 4월 1일 제 25100-2012-24호

정 가 | 13,500원
ISBN 978-89-5621-083-4 13730

이 도서의 국립중앙도서관 출판예정도서목록(CIP)은 서지정보유통지원시스템
홈페이지(http://seoji.nl.go.kr)와 국가자료종합목록시스템(http://www.nl.go.kr/
kolisnet)에서 이용하실 수 있습니다.
(CIP제어번호 : CIP2019007365)